Georg-Wilhelm Brans • Sabine Kern

oder

Wann ist endlich diese verdammte Karte voll?

Impressum

Herstellung: Books on Demand GmbH
ISBN 3-8311-2313-6

Inhalt

Bevor es losgeht...

sollte noch einiges zur Entstehung diese Buches gesagt werden. Wenn ich etwas auf dieser Welt hasse, ist es das Schreiben von Ansichtskarten aus dem Urlaub. Man hat sich seinen Urlaub redlich verdient, will endlich mal vom Alltag ausspannen und dann fängt der Stress erst richtig an: Das Besorgen von Postkarten ist ja noch einfach. Wieviel Porto muss auf die Karte? Hat der Verkäufer der Karten auch Briefmarken? Wie fragt man das auf Finnisch? Isländisch? Oder gar Suaheli (südöstliche Mundart)? Also muss man ein Postamt suchen. Wie heißt ein Postamt auf – siehe oben... Aber gut, der Familienfriede geht über alles, deswegen verbringt man einen Großteil seines Urlaubs damit, die Daheimgebliebenen mit Landschaftsfotos, Bilderserien oder wahnwitzig witzigen Bildern mit haufenweisen nackten Popos oder Busen und mindestens ebenso wahnsinnig witzigen Sprüchen dazu zu beschicken. Meistens dauert das dann auch noch Wochen, bis die Karte dann ankommt. (Viele Menschen fragen sich vielleicht verzweifelt, warum sie unmittelbar nach ihrem Urlaub von der Verwandtschaft und Bekanntschaft geschnitten werden: Es ist kein Neid, die Karten haben nur wieder unendlich gebraucht!) Wenn die postüblichen Laufzeiten wenigstens bis zum nächsten Urlaub dauern würden, da könnte man was draus machen! Zumindest aus seinem letzten Urlaub, dem wirklich allerletzten, brauchte man dann nicht mehr zu schreiben! Aber andererseits – wer will wirklich wissen, welcher Urlaub der letzte ist?

All diese Erfahrungen waren eigentlich schon ausreichend genug, um ein Buch zu schreiben und es diesen verdammten Postkarten mal so richtig zu geben. Vielleicht habe ich auch nur ein Kindheitstrauma, weil meine Hauptsorge in den Ferien war, die Karten an Tante Änne, Tante Käthe und verschiedene Omas zu verschicken (seltsam – männliche Verwandte haben sich bei mir nie über fehlende Kartengrüße beschwert).

Und wehe wenn der Inhalt nicht genehm war! Einfach so „Viele Grüße aus dem schönen Tirol" – also das wäre noch schlimmer gewesen, als gar keine Karte! Faul. Herzlos. Oder was auch immer. Also verplemperte man noch mehr Zeit, auf dem Kugelschreiber kauend, nach Dingen zu suchen, die man auf so eine blöde Karte schreiben konnte – man glaubt gar nicht, wie viel Platz da ist.

Heute ist natürlich alles ganz anders. Heute tauscht man wichtige Nachrichten per Fax, e-mail oder SMS. Wer schreibt noch Briefe, also so richtig persönliche Briefe?

Die Karte aus dem Urlaub hat also eine neue Dimension erhalten, man kann mit ihr weitaus mehr anstellen, als nur gesellschaftliche Pflichten zu erfüllen – man kann sie als ausgesprochenes Kommunikationsmedium verwenden, was die Karte als solche in einer ausgesprochenen Kommunikationsgesellschaft ungeheuer aufwertet.

Je mehr Karten ich schrieb, desto mehr Menschen begegneten mir dabei. Ich hoffe, dass sich nicht zu viele meiner Verwandten, Freunde, Bekannten oder auch völlig Unbekannten in den Kartenschreibern wiederentdecken. Wenn doch, kann ich mich nicht einmal damit herausreden, dass irgendwelche Ähnlichkeiten mit lebenden Personen zufällig und unbeabsichtigt sind. Sie sind beabsichtigt.

Am Ende, als ich dann alle Karten noch einmal gelesen hatte, und auch noch die Illusion aufbrachte, sie seien wirklich nur gesammelt und nicht erfunden (oder nachempfunden?), kam mir dann eine Erkenntnis, die mich verblüffte und in einem Satz zusammenfassen lässt:

Schreibe mir aus dem Urlaub und ich sage dir, wer du bist!

Ein Grund mehr für mich, nie wieder eine Ansichtskarte aus dem Urlaub zu schreiben!

Angeberkarten
Frau
H. Besenreit
Bahnhofstr. 4
90562 Kalchreuth
Germany

Liebe Mutter!
Mein Gott, haben wir es wieder einmal gut getroffen! Ich kann dir sagen, dass wir noch nie im Leben in so einem großartigen Hotel waren. Der reine Luxus! Schon die Eingangshalle ist mit edelstem Marmor ausgekleidet, die Theke an der Rezeption besteht aus teuerstem Teakholz. Im Speisesaal ist natürlich alles weiß gedeckt und auf allen Tischen stehen die schönsten Kristallgläser. Und wenn ich dir erst schreiben würde, was wir hier alles zu essen bekommen, würden dir die Augen übergehen. Lachs, Kaviar und sonst was alles ist noch das wenigste. Jetzt muss ich aber Schluss machen, denn wir wollen uns ja richtig erholen.
Viele liebe Grüße
Deine Sabine

Hallo Rita!
Wir haben hier einen ganz großartigen Urlaub. Heinz hat beim Buchen wieder einmal das richtige Händchen gehabt. Alles nur vom Feinsten, wie man es sich besser gar nicht vorstellen kann. Schade, dass du nicht hier sein kannst, hier würde es dir auch gut gefallen. Das Meer, die Sonne, der Strand und überhaupt alles! Es ist tausendmal besser, als man sich es immer vorstellen kann. Na ja, vielleicht nimmt dein Dieter dich ja auch mal mit in Urlaub, ich würde da die Hoffnung nicht aufgeben. Heinz und ich gehen jetzt zur Blauen Stunde.
Tschüss dann!
Claudia

Lieber Richard!
Hier ist es wie im Traumparadies! Ein traumhaft schöner Strand, ein Traum von einem Hotel, eine Landschaft wie aus einem Traumbilderbuch, Palmen zum Träumen und überhaupt alles traummäßig schön! Unsere Zimmer sind ein Gedicht, der Service im Hotel ist erste Klasse und das Essen kann man kaum aufkriegen. Auch sonst haben wir nichts, worüber wir klagen können, sogar die anderen Leute sind ganz nett. Grüß' bitte die ganze Nachbarschaft von uns, wenn wir wieder da sind, geben wir auf unseren Traumurlaub einen aus!
Viele Grüße
Familie Beckenstein

Urlaubskarten haben durchaus die wichtige Funktion, in der staunenden Welt zu Hause klar und deutlich vorzuführen, dass der Absender sich diesen Urlaub leisten kann, reichlich Geld ausgibt, kurz und gut also: etwas besseres ist.

Liebe Frau Spittel!
Herzliche Grüße aus dem Urlaub! Hier in Florida ist es sehr schön, wenn auch nicht billig. Es war eine gute Idee meines Mannes, mit der Buiseness-Class zu fliegen, auch, wenn wir dafür natürlich ganz schön bluten mussten. Aber was soll's - schließlich fährt man höchstens zwei- oder dreimal im Jahr in Urlaub. Dann darf man dann nicht kleinlich sein, sag ich immer. Und wenn wir wieder zu Hause sind, essen wir schließlich auch nicht jeden Tag Hummer oder Austern. Ich bin froh, dass meinem Mann und mir im Urlaub das Geld locker sitzt, sonst würden wir gleich zu Hause bleiben.
Ich wünsche ihnen viel Vergnügen, wenn sie nächste Woche in die Eifel fahren.
Ihre Frau Gürtelmann

Lieber Josef!
Das ist doch mal etwas anderes, als mit der Familie in die Jugendherberge! Ja gut, früher, als Herbert noch weniger verdiente, konnten wir uns nichts anderes leisten. Aber ich sage Dir, 4****Hotel bleibt 4****Hotel! Selbst dann, wenn man hier bei vier Personen ganz schön latzen muss. Zehntausend für die ganze Zeit sind da locker weg. Aber mir tut kein Pfennig leid, man kriegt auch ganz schön was dafür. Und so, wie Herbert immer arbeitet, haben wir auch mal verdient, auf der Sonnenseite des Lebens zu stehen. Und das ist mit Geld ja eigentlich nicht zu bezahlen. Schließlich - wenn man in der Suite wohnen kann, muss man ja nicht in die Kellerwohnung ziehen.
Also dann,
Frau P. Klammer und Mann

Sehr geehrter Herr Dr. Schmidt!
Ach ja, es war doch gut, dass ich diese Kreuzfahrt gebucht habe. Obwohl: alles inklusive stimmt ja auch nicht so ganz. Sicher, die Reise, das Essen und die Getränke beim Essen sind in den 10.000 Mäusen, die man für so einen Ausflug hinblättern muss, enthalten, aber nachts im Spiel-Casino ist man auch leicht ein bis zwei Tausender los. Und auch an der Bar muss man ganz schön latzen: ein gemütlicher Umtrunk mit neuen Freunden - und schon ist man ein paar Blaue los. Na ja, es trifft ja keinen Armen! Vielleicht buchen Sie auch einmal diese Reise, wenn Sie wieder einen passenden Job gefunden haben. Ich jedenfalls amüsiere mich königlich und kann es nur empfehlen.
Viele kollegiale Grüße
Prof. Dr. Dr. Kleine-Krupmann

Selbst, wenn man es selbst zu nicht viel gebracht hat, auch aus einem Billigurlaub, bei dem es wenig Höhepunkte gibt, kann man sich zumindest mit dem mitreisenden Publikum brüsten; Übertreibungen sind hierbei durchaus angebracht, denn die kann nun wirklich keiner kontrollieren. Also: im Zweifelsfall frisch gelogen und Eindruck geschunden!

Meine liebe Nichte Klara!
Du glaubst gar nicht, wie toll es hier im Urlaub ist. Gestern gab es ein Platzkonzert. Wir haben direkt neben Oberarzt Dr. Paul gestanden. Vor uns stand Fabrikbesitzer Bollmann und hinter uns der Heizungsmontageoberrevisor Knierath. Mit ihm und Herrn Plotke, er ist Oberstadtdirektor, haben wir noch anschließend bei einem Glas Wein gesessen. Mit dabei war auch Herr Müller, er ist zwar nur Grundschullehrer, kommt aber aus Oberwesel. Du glaubst gar nicht, wie gut es tut, wenn man von so hoch stehenden Leuten wie ihresgleichen behandelt wird. Natürlich hilft mir auch, dass ich das Gymnasium wenigstens drei Klassen geschafft habe, so kann ich auch mitreden und mein Wort tun.
Erholsame Grüße
Deine Tante Martha

Hallo Nicki!
Ich befinde mich hier in bester Gesellschaft! Nur die feinsten Leute um mich herum! Sogar richtige Adelige! Gestern habe ich am Strand neben einer richtigen Gräfin gelegen. Und im Zimmer neben mir wohnt sogar eine, die soll mit einem Blaublütigen verlobt sein. Oder zumindest so was ähnliches. Das ist vielleicht aufregend! Vielleicht lerne ich noch einen richtigen Prinzen kennen, wenn der sie mal besucht. Ich würde mir ja zu gerne einen richtigen „von und zu" angeln, offensichtlich wimmelt es hier nur so davon. An der Rezeption geht es jedenfalls den ganzen Tag "aber bitte Herr Baron", "gern geschehen, Durchlaucht" und "natürlich, Exzellenz!", da kribbelt es mir richtig im Bauch. Schade, dass du nicht da bist!
Tschüß!

Sindi
Hi Nele!
Du würdest blass vor Neid, wenn du sehen könntest, wer hier
so herumläuft. Der Typ, den ich gestern aufgerissen habe, war
mindestens eine halbe Million schwer. Leider ist er wieder
weg. Aber der, der jetzt neu ist, sieht mir auch nach Porsche
und Villa aus. Für so etwas habe ich ja ein Auge. Den Reich-
sten hier habe ich sofort erkannt, aber leider war er zu fett,
deswegen mochte ich ihn nicht. Ich glaube im ersten Stock
wohnt einer, der sogar Rolls Royce fährt. Und Chauffeur ist er
bestimmt nicht! Na ja, BMW und ein fünfstelliges Bankkonto
tut es ja auch schon, und darunter ist niemand hier. Kannst du
jetzt verstehen, warum ich mich hier so wohl fühle?
Ciao
Mandi

*Höhepunkte der Urlaubskarten sind die Grüße, mit denen der
Absender deutlich macht, dass er eigentlich vor seinem Urlaub
alles schon gesehen, alles schon gewusst hat, oder zumindest
alles besser weiß. Kurz und gut: er macht diesen Urlaub nur,
weil es zu seinem Status gehört, und lässt dies auch alle deutlich wissen.*

Hallo Hans Dieter!
Jetzt sitze ich also schon vier Wochen hier an diesem lang-
weiligen Karibikstrand! Das hätte ich auch in Florida oder in
Malibu haben können! Der Strand ist hier weder weißer, noch
größer, noch feiner oder vielleicht schöner. Und Palmen habe
ich in meinem Leben nun auch schon genug gesehen. Gut
der Service ist o.k. – na und? Viele Touristen schwärmen von
dem herrlichen Blau des Meeres - mein Gott, wie soll das
Meer denn sonst aussehen? Unser 4*Hotel ist auch so, wie
4*Hotels eben sind. Ach ja, die letzten zwei Wochen werde ich
auch schon noch aushalten.
Gelangweilte Grüße
Peter

Gut, der Service ist OK – na und?

Ihr Lieben!
Das soll also das berühmte Himalaya-Gebirge sein! Gut, natürlich sind hier Berge, und sie sind auch leidlich hoch. Aber
im Grunde genommen sehen sie nicht besser aus, als die
Anden, die Rockies, oder das Schweizer Bergmassiv. Das
bisschen höher sein reicht nicht aus, mich sonderlich zu be-
eindrucken. Und letztlich - wenn man sich mit ein bisschen
Phantasie die ganzen Gipfel und das Drumherum einmal
wegdenkt, bleibt auch nur noch langweiliges Flachland über.
Na ja, die Eingeborenen sind offensichtlich recht stolz auf ihre
Berge - sie kennen auch nichts anderes. Ach, was soll's!
Trotzdem viele Grüße
Euer Paul!

Grüß Dich, Heiner!
Warum haben wir immer so ein Pech, an inkompetente Reiseleiter zu geraten? Herbert hat sofort festgestellt, das unser
hier ionische, dorische und korinthische Säulen durcheinander
wirft. Das weiß doch bei uns jedes Kind in der Grundschule,
wie diese Kapitel sich unterscheiden. Aber was will man von
Einheimischen schon erwarten. Auch Jupiter und Zeus werden
hier ständig verwechselt, obwohl man so etwas in jedem besseren Reiseführer nachblättern könnte. Aber Herbert und ich
haben so etwas nicht nötig, wir leiden auch so genug darunter,
dass unser Führer so dumm ist.
Das nächste Mal erklären Herbert und ich uns die Einzelheiten
der Kultur wieder gegenseitig, das ist besser!
Im übrigen aber Grüße
Frau K. Breusel

Bettelkarten
Frau
Hedwig Kolland
Walshagen 34
64625 Bensheim
Deutschland

Liebe Tante Hedwig !
Jetzt sind wir schon vier Wochen auf Mallorca. Es gefällt uns sehr gut, obwohl alles hier sehr teuer ist. Leider haben wir nicht soviel Geld, dass wir uns noch vier Wochen leisten können, aber wir sind auch zufrieden, wenn wir nur noch zwei Wochen bleiben. Wenn uns natürlich jemand unter die Arme greifen würde, könnten wir statt zwei doch noch vier Wochen bleiben, dann wären natürlich vor allem deine Großnichten und Großneffen sehr glücklich. Unsere Kontonummer in Duisburg ist ja bekannt, wir stehen in ständigem Kontakt mit unserer Bank.
Viele liebe Grüße!
Dein dich liebender Neffe Ralf

Lieber Vater!
Wir liegen hier in Florida am Strand, und wir sind dir immer noch dankbar für diesen geschenkten Urlaub. Wir sind aber erst eine Woche hier und das Geld ist schon alle. Was sollen wir denn jetzt machen? Wir können ja auch nicht zurück, denn der Flieger geht erst in einer Woche. Das Hotel ist zwar bezahlt, aber wir haben nichts mehr zu essen und können uns auch sonst nichts mehr leisten. Bitten daher dringend um eine telegrafische Geldüberweisung an Ramada Miami Beach Resort!
Dringend!
Deine dich liebenden Kinder

Hallo liebe Schwester!
Vielen Dank für die tolle Urlaubsreise zu unserer Silberhoch-
zeit. Bei „all inclusive" fehlt es uns hier an nichts – außer vielleicht einer Kleinigkeit. Wenn wir jetzt bald zurückfliegen, ist
alles vorbei, und wir haben nicht die geringste Erinnerung an
diese schöne Zeit. Und auch zu Dir müssten wir mit leeren
Händen kommen, weil wir kein Geld haben, etwas zu kaufen,
das ist uns eigentlich ziemlich peinlich.
Aber Ingo meint, du würdest uns bestimmt aus der Patsche
helfen, weil du so ein grundgütiges Herz hättest. Du müsstest
dich nur etwas beeilen, weil wir fliegen Samstag schon!
In Liebe
Deine geliebte Lieblingsschwester Josefa

*Wenn man schon einen Sponsor gefunden hat, sollte man
diesen auf die rechtlichen Verpflichtungen aufmerksam machen, die er mit seiner Spende auf sich genommen hat. Falsche Bescheidenheit ist hier völlig fehl am Platze.*

Lieber Axel!
Das war ja wirklich eine tolle Überraschung, die ihr uns als
Nachbarn zum Geburtstag geschenkt habt! Ein Wochenende
in der Lüneburger Heide! Besonders dir noch einmal vielen
Dank, dass du bei den Nachbarn gesammelt hast. Leider
müssen wir aber sagen, dass ein Hotel in dieser Preisklasse
ganz miserabel ist, so dass wir in dem von euch ausgesuchten
Hotel wirklich nicht übernachten konnten. So mussten wir in
ein Hotel umziehen, das pro Nacht 250 Mark mehr kostet.
Wenn du bitte so lieb bist, und den Rest von DM 500 schnell
noch bei den Nachbarn einsammelst, wären wir dir sehr dankbar.
Viele Grüße an alle Nachbarn
Gudrun und Ronald

Liebe Tante Rita,
hier an der Südküste von Frankreich ist es richtig schön, und
wir können uns so richtig erholen. Wir sind dir sehr dankbar,
dass du uns mit tausend Mark in unserem Urlaub unterstützt
hast, aber Heinz hat festgestellt, dass hier in Frankreich alles
teurer ist. Heinz hat ausgerechnet, dass es sich dabei genau
um 25 Prozent handelt. Wenn wir es also ganz genau nehmen, dann bekommen wir eigentlich von dir noch 250 Mark,
dann stimmt es mit deinem Zuschuss wieder. Bitte, sei so lieb,
und schick' uns das Geld als Verrechnungsscheck. Wir haben
dich alle lieb.
Viele Grüße
Hasi, Heinz und die Kinder

Sehr geehrte Frau Müller!
Das hätten Sie uns aber gleich sagen sollen, dass ihr Sohn
leicht für zwei Personen essen kann. Wir hatten ihn eigentlich
nur mitgenommen, damit unser Sohn hier im Urlaub einen
Spielkameraden hat. Wenn Ihr Thomas aber weiterhin soviel
isst, wie bisher, werden wir mit dem 750 Mark Urlaubsgeld
nicht auskommen. Ich darf Sie daher höflich bitten, für die
zweite Woche noch einmal dreihundert Mark auf unser Konto
zu überweisen, denn soviel brauchen wir bestimmt, um Ihren
Bengel durchzufüttern. Die Kontonummer kennen Sie ja.
Hochachtungsvoll
Sabine Meyer

*Wenn das Geld im Urlaub knapp wird, ist es gut, wenn man zu
Hause Verbündete hat. Wenn diese Verbündeten dann auch
noch bereit sind, zugunsten des Urlaubers den rechten Pfad
der Tugend ausnahmsweise einmal zu verlassen, ist das nur
um so besser.*

Lieber Timo!

Pass auf, dass Papa diese Karte nicht sieht. Ich habe nämlich hier im Lager schon mein ganzes Geld für Cola, Schokolade und Killefit ausgegeben. Jetzt bin ich ziemlich pleite. Du musst mir dringend helfen! Papa und Mama haben in der linken Schublade vom Schuhschrank immer Geld liegen. Nimm davon ein bisschen, und schick es mir in einem Briefumschlag. Du darfst dich aber dabei nicht erwischen lassen! Wenn ich wieder zu Hause bin, übernehme ich auch für vier Wochen deinen Küchendienst. Großes Ehrenwort!

Dein Bruder Karsten

Hallo Kolja!
Mein Gott, tut das gut, endlich mal Urlaub von der WG zu machen! Wenn hier nur nicht alles so schweineteuer wäre! Weil ich ganz dringend Kohle brauche, pass jetzt bitte mal gut auf: Unter meiner alten Matratze liegt ein braunes Päckchen. Da drin sind kleine Tütchen mit weißem Pulver. Die kannst du im Kakadu verkaufen, aber nimm nicht weniger als 80 Mark pro Stück und pass auf, dass die Bullen dich nicht greifen. Vor allem pass auf die Zivilen auf! Beeile dich, ich bin hier ziemlich klamm! Vielleicht kannst du ja schon einen kleinen Vorschuss an meine Urlaubsadresse schicken. Ich warte!!!!
Olli

Mensch, Hubert!
Du glaubst gar nicht, wie pleite ich bin! So ein Urlaub ist scheißteuer, selbst, wenn man nur Camping macht. Ich habe aber gesehen, dass die Meyers von nebenan hier im Luxushotel Urlaub machen. Die schöne Villa müsste also die ganze Zeit leer stehen. Kannst Du nicht mal gucken, ob du in dem Bau was findest, womit ich meinen Urlaub bezahlen kann?. Schick mir das Zeug einfach als Paket, ich werde das hier schon los!
Am besten versuchst du es gegen 10 Uhr, da haben die Grünen Schichtwechsel!
Ich drück' die Daumen! Ede

Wenn bei den Daheimgebliebenen größerer Geiz zu erwarten ist, sollte man nicht zögern, härtere Methoden anzuwenden und die Geizkrägen darauf aufmerksam machen, welch böse Folgen ihr verwerfliches Handeln für sie selbst haben kann.

Hallo Männe!
Das war eine gute Idee von dir, einmal einzeln in Urlaub zu fahren. Mir gefällt es hier sehr gut, ich hoffe dir zu Hause auch. Ich brauche aber mehr Geld, denn ich habe alles schon ausgegeben. Jetzt schrei nicht rum, und verweigere mir das Geld, denn hier gibt es einen schönen, schwarzhaarigen Italiener, der mich wohl aushalten würde. Es ist also in deinem Interesse, schnell das Geld zu schicken. Beeile dich, sonst ist es schon zu spät.
In aller Liebe
Deine Carmen

High Papa!
In meinem ersten Urlaub nach meinem achtzehnten Geburtstag fühle ich mich pudelwohl. Es hat auch alles gut geklappt. Das Wetter ist schön, dass Essen ist gut, und über das Hotel kann ich auch nicht klagen. Leider ist hier alles so teuer, dass ich mit meinem Geld nicht auskomme. Zwei irre Typen haben mich schon angesprochen und mir gesagt, bei meiner Figur könnte ich massenweise Geld verdienen, so tausend Mark pro Nacht wären wohl drin. Jetzt weiß ich nicht, ob ich das machen soll. Vielleicht schickst du mir ja auch noch etwas Geld, dann brauche ich hier nicht zu arbeiten.
Entscheide dich bald!
Viele Liebe Grüße
Deine Tochter Jasmin

Lieber Onkel Justus!
Noch einmal herzlichen Dank, dass wir mit deinem Wagen in Urlaub fahren durften. Er hat uns bis jetzt noch nicht im Stich gelassen. Leider schluckt er aber soviel Benzin, und die Autobahngebühren sind auch so hoch, dass wir unser ganzes Geld nur für das blöde Auto ausgeben mussten. Zum Essen und Wohnen haben wir kaum noch etwas, so dass wir wahrscheinlich das Auto verkaufen müssen, wenn wir den Urlaub zu Ende bringen wollen, wir können dann ja per Anhalter nach Hause fahren. Ansonsten müsstest du uns etwas Geld schicken, dann kommen wir natürlich mit dem Auto zurück. Also, was ist jetzt? Am besten, du schickst uns das Geld nach Marseille, hauptpostlagernd.
In froher Erwartung
Peter und Familie

Liebesabenteuer I
Herrn
Heinrich Gottermann
Kleine Gasse 4
03751 Kunitz

Viele Zeitgenossen wollen im Urlaub Liebesabenteuer erleben, um damit angeben zu können. Die beste Möglichkeit, die eigene erotische Kompetenz bis ins maßlose zu übertreiben, bietet dabei natürlich die Ansichtskarte, denn da wird der Schreiber, wenn überhaupt, ohne Zeugen schamrot. Aus naheliegenden Gründen wurden die Liebesabenteuer nach Geschlechtern aufgeteilt. Hier zuerst die Ergüsse der männlichen Kartenschreiber.

Hallo Heinz!
Klasse hier!!! Weiber, Weiber, Weiber!!!! Ich bin hier wie son Sultan in seinem Harun oder wie das Ding heißt. Hier haste wirklich an jedem Finger zehn!!! Ich weiß schon gar nicht, wie ich das alles noch schaffen soll. Bin jetzt schon ganz schön ausgepumpt!!! Aber was solls!! Wenn ich Urlaub hab, muss mein Bester eben ran!!! War schon immer so!! Der kann ja zu Hause Urlaub machen. Aber nich lange, ha, ha, ha!!!!
Paul

Mensch Thorsten!
Ich will mich ja nicht übermäßig loben, aber irgendwie muss ich doch wohl ein Frauentyp sein. Gestern Annika aus Bocholt, vorgestern Meike aus Hamburg und im Augenblick warte ich gerade auf Resi, die ist aus Oberammergau (hat da mal die Maria gespielt!) Dabei mache ich gar nichts! Ich lieg einfach ganz cool am Strand und schon kommen die Miezen alle an. Ich frag mich ganz ehrlich, was das wohl ist, was ich an mir habe.
Ciao,
Markus

Hallo ihr Jammerlappen!
Wenn ihr hier wärt, könntet ihr mal sehen, wat sonne Mucki-
bude im Keller allet ausmacht! Die Hühner beten meinen Body
hier nur so an! Wat meint ihr, wie die schmachten, wenn ich
mit mein Apolloleib und mein wiegenden Gang am Strand
entlang latsche. Die andern Bubis werden ganz blass vor Neid
und ich brauch nur mitten Finger zu schnippen, schon legt sich
eine!
Dat hättet ihr auch wohl gerne wa?
Jau, üben üben, üben!
Euer Kurt

Wenn man schon mit Liebesabenteuern angeben will, kann
man natürlich auch Klasse statt Masse zum Gegenstand des
Protzens machen. Möglicherweise weiß auch der Adressat,
dass viele Köchinnen manchmal den Brei mehr verderben als
versüßen können.

Du Ritschi,
ich hab hier vielleicht ne Schnecke angegraben, Mann, ich sag
dir, Wahnsinn, einfach Wahnsinn. Lässt mich einfach nicht zur
Ruhe kommen! Schon vorm Frühstück! Und auch sonst immer! Vom Strand hab ich noch gar nichts gesehen! Sie lässt
mich einfach nicht raus! Man gerade, dass ich zwischendurch
mal zum Duschen komm! Und was für Ideen die hat! Erzähl
ich dir später, sie kommt schon wieder an!
Tolle

Hi Tüte!
Hier auf Ibiza ist alles paletti gelaufen. Ich gleich am ersten Tag inne Disco: Hi Mädels! Dann hab ich mir eine gekrallt – also man kann sagen was man will – Spitzenfigur, Topmaße, geiler Arsch und wilde Frisur! Gut – labert Scheiß, wenn sie nur den Mund aufmacht, aber ich sorg schon dafür, dass das nicht zu oft vorkommt. (Hab schließlich was besseres vor, als lange mit ihr zu quatschen!!!!!) Komm doch auch, hier sind noch mehr!
Dein Leo

Hallo Mama, Hallo Papa!
Ich muss euch was tolles erzählen, weil ich habe hier im Ferienlager gleich am ersten Tag Jenny kennengelernt und Mädchen sind gar nicht so doof wie ich dachte, jedenfalls Jenny nicht, sie weiß ganz tolle Spiele bei denen ich am Anfang immer rot geworden bin, weil ihr gesagt habt das tut man nicht aber in Wirklichkeit ist das ganz Klasse, was man mit Mädchen machen kann, schade dass das nicht noch öfter geht!
Viele liebe Grüße,
Euer Hubert-Maximilian

Natürlich, nicht alle Männer sind Schweine und viele finden im Urlaub die Seelengefährtin, die sie immer gesucht habe. Auch an solchen Erlebnissen sollte man die Daheimgebliebenen teilhaben lassen, gibt es ihnen doch immer genügend Gesprächsstoff oder Denkanstöße.

Liebe Mutter!
Nun fang nicht gleich wieder an zu weinen, aber ich habe hier endlich und wirklich die richtige gefunden! Diesmal kannst du nichts gegen sie sagen, weil sie ist genau wie du, und sie will mich nicht nur benützen, wie du immer von den anderen gesagt hast. Wir wollen uns jetzt am Wochenende verloben, du musst deswegen aber nicht extra hergeflogen kommen. Wirklich nicht!
Dein Sohn Hans-Jürgen

Liebe Gundula!
Du als meine Schwester sollst als erste von meinem unaussprechlichen Glück hören: Ich habe mich unsterblich verliebt! Dietlinde ist mein alter ego und wir sind verwandte Seelen: Gestern haben wir vier Stunden auf einer Bank gesessen, ich habe meinen gesamten Rilke rezitiert und sie hat nur geseufzt und mich nicht einmal unterbrochen. Morgen treffen wir uns schon ganz früh, und ich lese ihr Jaspers „Existenz und Transzendenz" vor. Wird das ein schöner Tag!
Es grüßt dich voller Glückseligkeit
Dein Walfried

Mein lieber Bruder,
Ich dachte nicht, dass ich mit meinen 91 Jahren noch so attraktiv auf Zwanzigjährige wirke – aber es ist so! Selbst, dass ich Frauen nicht mehr das geben kann, von dem ich dachte dass sie es unbedingt haben wollen, stört Uta nicht, sie will mich trotzdem sofort heiraten! Sie sagt, meine weisen Lebensansichten (du weißt, aus dem Artikel „Multimillionäre in Deutschland") hätten sie hinschmelzen lassen wie Eis – ist das nicht erhebend?
Dein Bruder Vinzenz

Ich dachte nicht, dass ich mit meinen 91 Jahren noch so attraktiv auf Zwanzigjährige wirke

*Natürlich kann man auch im Urlaub seinen Frust erleben und
die Liebesabenteuer tendieren gegen null. Wenn man sich
dann des Mitgefühls seiner Lieben zu Hause sicher sein kann,
tut es gut sich den Ärger von der Seele schreiben zu können.*

Mann, Mann, Mann
ist das hier ein Scheiß! F notting, aber in jeder Hinsicht. Ich
weiß nicht was mit den Weibern los ist, aber entweder ist denen hier zu heiß oder ich weiß wirklich nicht! Ja gut, ich war
am ersten Abend in der Disco voll besoffen und hab voll auf
die Tanzfläche gereiert, aber das war bloß wegen dem langen
Flug und dem Scheißklima hier! Vor lauter Frust hau ich mir
schon vor dem Frühstück ne Pulle Schluck rein, aber die Weiber laufen immer noch weg.
Versteh ich nicht! Euer Rolle

Lieber Detlev,
dieser Urlaub ist ganz furchtbar, soviel knackige Männer, aber
ewig diese blöden Heterobullen, die einen nur schräg anla-
bern, wenn man die Augen ein bisschen zu stark getuscht hat.
In meiner Verzweiflung gehe ich schon mit Jutta aus, die ist
zwar auch bloß Frau hat aber wenigsten einen Bart. Ich bin
froh, wenn ich wieder bei dir bin, ich verspreche dir, ich fahre
dann auch nie wieder weg. Ehrlich!
Butzi, butzi, butzi
Dein Dita

Sehr geehrter Herr Pfarrer!
Sie hatten, wie immer, vollständig recht: Auch oder gerade im Urlaub sind die Frauen verderbt! Wie aufreizend sie schon mit wollüstigem Blick fast nackig herumlaufen: Pfui Teufel! Und wenn ich auf meiner Stranddecke (wirklich nur halblaut!) in meiner Bibel lese, kichern sie oder werfen sogar mit kleinen Steinchen nach mir! Die reine Jungfrau, die mir ein gemütliches Zuhause schafft, mich ehrt und mir untertan ist in allen Dingen (wie es im Sinne des HERRN wäre) werde ich hier unter den Töchtern der Sünde wohl nicht finden.
Mit vielem Grausen
Ihr Küster Leberecht Guntzmann

Auto und Verkehr
Frau
Waltraud Büttler
Ruhrgass 19
46047 Oberhausen

*Nach wie vor gehört das Auto zu den beliebtesten Verkehrs-
mitteln, mit denen man seinen Urlaubsort erreichen kann. Da
versteht es sich fast von selbst, dass viele Ansichtskarten in
aller epischen Breite nicht nur vom Urlaubsort, sondern bereits
von der Hinfahrt berichten.*

Liebe Trude!
War das eine tolle Reise bis jetzt! Gleich hinter Oberhausen
kamen wir wie jedes Jahr ordnungsgemäß in unseren Stau.
Diesmal waren aber vor uns Dänen, und keine Holländer! Das
war mal was neues. Die Kinder haben sich auch gleich mit
denen im Nebenauto angefreundet und waren so erstmal ein
paar Stunden ruhig und zufrieden. Hoffentlich haben wir auf
der Rückfahrt auch wieder so einen schönen Stau mit netten
Nachbarn!
Gruß und Kuss
Deine Mucki

Hallo Pille,
dat hättse sehn sollen, wie ich wieder mit mein heißes Gerät
der King of the road bin! Da brauchse nich ma Lichthupe oder
Blinker raus, die spritzen sogar freiwillig zu Seite, wenn Manni
mit seine Rakete angeröhrt kommt! Bloß diese scheiß
Plattjacken! Benehmen sich, als wär dat ihre Autobahn! Aber
da kenn ich nix! Mit 180 rechts vorbei und dann Stinkefinger
raus! Sollense doch bei sich Urlaub machen, wennse nich
autofahren können!
Is doch wahr!
Manni

Lieber Kollege!
Ich hätte schon ein paar Stunden eher hier in meinem Urlaubsdomizil sein können, von dem ich Sie übrigens herzlich grüße, aber ich musste mal wieder ein paar Verkehrsrowdies auf der Autobahn Anstand und Sitte beibringen. Wer drängelt, der soll dann mal sehen, wie er an mir vorbeikommen will, da mag er noch so auf seiner Hupe herumtoben! Einem hartnäckigen BMW-Fahrer habe ich volle vierzig Minuten mein erzieherisches Wirken angedeihen lassen. Hoffentlich lernt er etwas daraus!
Nochmals kollegiale Grüße
Dr. Dr. M. Kleinefels

Autofahren kompensiert oft Minderwertigkeitskomplexe. So kommt es, das viele Urlaubsfahrer ihren Mitmenschen gerne per Ansichtskarte aufzeigen, wie gut sie doch, ganz anders als vielleicht zu Hause, in Wirklichkeit sind.

Hallo Nachbarn!
Das war vielleicht ein Akt! Vierundzwanzig Stunden in einem Stück, bis wir hier endlich angekommen sind. Manchmal hätt' ich echt gedacht, ich brings nicht mehr und penn' so ein, aber dann hab ich mich zusammengerissen und durchgehalten! Nette war die ganze Zeit am Maulen und wollte auch fahren, aber so langsam, wie die fährt, hätten wir garantiert drei Stunden mehr gebraucht! Ich werd mich hüten, und so meinen kostbaren Urlaub verplempern!
Herzlichen Gruß
Jonny und Nette

Hi Ronnie,
hier im Hochland zeigt sich der wahre Meister am Lenkrad.
Man muss eben fahren wie die Einheimischen. Meine Weiber
sind fast am Flennen, wenn ich hier volle Pulle die Berge
hochheize – rechts der gähnende Abgrund und dann voll die
Hupe und rum um die Kurve (seh'n kann man da nix!) Die
haben hier übrigens ganz viele Kurven mit kleinen Kreuzchen
und Blümchen geschmückt, sieht richtig putzig aus!
Man sieht sich!
Greg

He Latte!
Das ist hier gar nicht so einfach, mit unserem dicken Wohn-
mobil durch die schottischen Berge zu fahren, vor allem weil
hier wahnsinnig viele Straßen eigentlich für unser bestes
Stück gesperrt sind (aber ich bin nicht von hier und kümmer
mich da nicht drum!) und dann noch der Linksverkehr! Dreimal
wären wir schon fast so weggekippt, wenn ich nicht so verdammt gut mit dem Ding umgehen könnte. Son Schotte läg'
da wahrscheinlich schon im Abgrund!
Der eine kann's eben und der andere nicht!
Dein Kumpel Schmökel!

*Es lässt sich nicht leugnen, dass das Auto für manchen auch
ein Statussymbol ist. Was liegt also näher als den Daheimgebliebenen mit aller Deutlichkeit vor Augen zu führen, dass die
Signale wenigstens hier richtig gedeutet werden.*

Hallo Frau Tressens!
Man wird doch gleich ganz anders behandelt, wenn man im richtigen Auto vor seinem Hotel vorfährt. Von wegen Halteverbot und sonst irgendwelchen kleinlichen Pillepalle! Hier weiß man Klasse zu schätzen und die Leute springen, bevor man den Motor noch ausgestellt hat. Hermann ärgert sich zwar manchmal, weil er meint, dass er nur für den Chauffeur gehalten wird, aber ich finde das ganz niedlich! Ich darf sie übrigens nochmal an unsere Topfblumen erinnern, dreimal die Woche!
Herzlichste Feriengrüße
Frau Sibille Prasske nebst Gemahl

Liebe Gerda!
Venedig ist ja an sich ganz schön, aber dass man nicht mit dem Auto vorfahren kann, ist eindeutig ein Minuspunkt. Irgendwie kann man den Leuten so gar nicht zeigen, wie weit man es gebracht hat. Lutz versucht zwar manchmal ins Gespräch einzuflechten ‚also mit der E-Klasse ist man doch fast eine Stunde schneller hier', aber das bringt es eigentlich auch nicht so recht. Ich habe auch den Eindruck, dass es immer mehr Banausen gibt, die überhaupt nicht wissen, was Lutz damit eigentlich andeuten will.
Freundliche Urlaubsgrüße
Deine Erika

Liebe Ingrid!
Bin ich froh, dass wir doch mit dem Großen in Urlaub gefahren
sind. Jetzt, wo die Kinder aus dem Haus sind, hätte der Kleine
zwar völlig gereicht und es wäre auch viel billiger gewesen,
aber wenn ich so die Autos sehe, die hier auf dem Hotelpark-
platz stehen – also man hätte sich doch ein bisschen ge-
schämt, was die Leute hier von einem wohl gehalten hätten!
Und man kann ja auch schlecht einen Zettel ins Auto legen:
„Wir haben auch noch andere Autos zu Hause!" Nein, also an
was man vorher so alles denken muss!
Küsschen, Marina

*Auch der- oder diejenige, deren eigentlicher Lebensinhalt das
Auto zu sein scheint, fährt manchmal in Urlaub, tatsächlich
nicht nur um zu fahren, sondern auch um eine Weile dort zu
bleiben. Ob das immer sinnvoll ist, mag dahingestellt sein.*

Hey Rudi!
Wir sind jetzt schon eine Woche hier, aber vom Strand habe
ich noch nichts gesehen. Hier stehen so interessante Modelle
auf dem Parkplatz, dass ich gar nicht genug davon kriegen
kann. Manchmal habe ich sogar Glück und erwische die Besitzer, aber die sind leider nicht immer sehr kooperativ und
spätestens nach einer Viertelstunde haben die es dann auf
einmal eilig, geschweige denn dass sie mich mal einen Blick
unter die Motorhaube werfen lassen! Dabei sollte man doch
gerade im Urlaub wenigstens ein bisschen Zeit haben!
Alles Gute
Fritz

Grüß Dich Bernd!
Unser Urlaub in der Bretagne ist
vielleicht anstrengend! Unser Ferienhaus hat seinen Parkplatz
nämlich ohne Überdachung und
spätestens ab mittag kann ich
dann anfangen, unser Auto neu zu
reinigen, zu polieren und einzu-
cremen. Glaub' man nicht, dass Johann sich davon was anzieht, der
geht dann meistens spazieren,
während ich den Wagen wieder
auf Hochglanz bringe. Aber irgendwie macht mir das hier sogar noch
mehr Spass wie zu Hause. Ist bestimmt auch gesünder!
Grüß auch Dominique!
Eure Katharina

Hallo Rainer,
Jette und ich machen hier fast einen getrennten Urlaub. Deine Schwester liegt meistens am Strand oder geht shoppen, und ich fahre mit meinem neuen Ascona durch die Gegend! In der ersten Woche habe ich hier schon über 2000 Kilometer geschafft, mal kucken, ob ich das nächste Woche noch toppen kann! Ein bestimmtes Ziel habe ich eigentlich nie. ich fahre nur so rum! Macht aber irre Spass!
Gruß
Dein Schwager Ralf

Liebesabenteuer II
Frau
Rita Lauerbach
Rund Str. 16
5258 Monschau

Nun die versprochenen Erlebnisberichte des Liebeslebens schöner Frauen. Frauen zum Beispiel sehen Urlaubsabenteuer oft mit völlig anderen Augen, als ihre männlichen Pendants sich träumen lassen würden. Das führt dazu, dass auch diese Berichte nicht immer den geheimen Träumen der Männer entsprechen.

Hallo Rita,
ich muss dir was tolles erzählen! Heute, gleich am ersten Abend bin ich mit einem tollen Typ verabredet! An sich können mir solche Machos ja gestohlen bleiben, aber ich finde es einfach Klasse, dass ich solche Typen so ohne weiteres ansaugen kann! Mensch, wird der ein blödes Gesicht machen, wenn er merkt, dass er bei mir nicht landen kann! Der Urlaub wird Klasse!!
Viele Grüße
Deine Denise

Liebe Cousine!
Ich habe dir doch von Gert erzählt. Ich glaube, ich habe ihn bald so weit, dass er ganz fertig ist! Eigentlich schade, er ist ganz nett, aber solche wie er müssen auch mal lernen, dass wir Frauen im Urlaub kein Freiwild sind! Deswegen mache ich ihm noch weiter etwas Hoffnung, bevor ich ihm endgültig den Laufpass gebe. Zu Hause erzähle ich dir dann alles klitzeklein!
Bis dann!
Julia

Hallo ihr alle!
Schade, dass ihr nicht auch hier seid! Hier laufen Typen rum!!
Die Hälfte aller Kerle trägt den Verstand in ihrer Hose und die
andere Hälfte ist ständig blau und auch noch stolz drauf!
Wenn ich meinen „Spezial-Bikini" anhab, glotzen mich die
Kerle an, als ob ich vom Mars käme und wenn ich sie dann
abblitzen lassen, saufen sie eimerweise Sangria! Langsam
wird das aber langweilig – vielleicht finde ich ja doch wenig-
sten einen, der nicht so doof ist!
Ciao
Reni

*Männer träumen natürlich von ganz anderen Karten, die Frau-
en (sofern es nicht ihre Ehefrauen sind) nach Hause schreiben. Um denen nicht alle ihre Illusionen zu rauben sind hier
Beispiele von Karten aufgeführt, die – aus welchem Grund
auch immer – ungeschrieben bleiben*

Hallo Elvira!
Du kannst dir nicht vorstellen, in welchem Paradies ich hier
lebe! Hier laufen ohne Ausnahme nur potenteste Traummän-
ner herum, von denen man gar nicht genug kriegen kann! Hier
kannst du dich jeden Abend von einem anderen wilden Hengst
vernaschen lassen und brauchst keine Angst zu haben, dass
mal ein Versager darunter ist! Ich könnte noch Wochen hier-
bleiben – komm doch einfach nach!
In vollster Lust
Carmen

Ihr Lieben!
Was soll ich euch sagen: Ich habe mich unsterblich verliebt!
Herbert ist zwar kein Adonis, hat auch einen kleinen Bauch,
wenig Haare auf dem Kopf, ist nur Zeitungsbote und verdient
kaum etwas, aber für ein Model wie mich ist er grade das richtige, weil ehrlich und gerade heraus. Er ist auch schüchtern
und mit den Worten nicht gut zu Fuß, aber er verkörpert den
Typ Mann, den schöne Frauen wirklich brauchen. Er befriedigt
mich rundum!
Eure glückliche Claudia

Grüß Dich, Franziska!
Ich muss zugeben, hier im Urlaub merke ich doch, dass Männer ganz anders sind, als ich oft dachte. Es stimmt einfach
nicht, dass die mit den schönen Körpern nichts im Kopfe haben – ganz im Gegenteil! Gestern zum Beispiel habe ich mich
mit einem Traum von Muskelmann drei Stunden lang über die
Tapferkeit von Kampfhunden unterhalten – das heißt, er hat
davon erzählt. Ich hätte ihm noch zwei Stunden zuhören können!
Nochmals Grüße
Ditti

*Natürlich sind nicht alle Frauen männerfeindlich. Viele wissen
natürlich, wie wichtig Männer bei der Gestaltung eines voll-
kommenen Urlaubs sein können, wenn man mit Ihnen nur
richtig umgeht und sie mit sanfter, aber sicherer Hand führt.*

Hi Micky!
Ich muss dir unbedingt erzählen, was für ein süßer Typ hier
die ganze Zeit mit mir geht! Von dem kriege ich alles! Ich
brauche nur ein bisschen mit den Augen zu klimpern und meinen Schmollmund zu ziehen, schon wird er weich. Eigentlich
ist er ja ein Schlappschwanz, aber 14 Tage halte ich das ganz
gut mit ihm aus. Und dann gebe ich ihm natürlich eine falsche
Adresse!
Ich schreib' bald wieder!
Tina

Hallo Papa!
Danke für deinen Tipp, er funktioniert ganz prima! Ich habe
heute schon den dritten gefunden, der mir unbedingt zeigen
wollte, was er für ein Mann ist und sich dabei so abgeschos-
sen hat, dass er zu keiner männlichen Tat mehr fähig war!
Meine Urlaubskasse hat das bisher sehr geschont! Langsam
aber wird das langweilig, weil richtig unterhalten kann man
sich natürlich nicht mit den Typen, ich brauche auch mal was
anderes!
Tschüss erstmal!
Dein Evchen

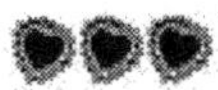

Sehr geehrte Frau Petrowski!
Vielen Dank für den Ratschlag, gerade hierher in Urlaub zu
fahren! Hier laufen tatsächlich nur kultivierte Herren herum,
alles Kavaliere der alten Schule. Sehr gepflegt, sehr distin-
guiert und alle mit dem nötigen Kleingeld. Vielleicht findet
man hier ja doch noch etwas fürs Herz (und einen sorgenfrei-
en Lebensabend). Ich glaube, ich fange mal an, meine Netze
auszuwerfen!
Mit nachbarlichen Grüßen!
Frau Sybille Kleinschmidt

Da reiß' ich mir bald ein Bein aus, um diesen Traumboy
vom Handtuch nebenan aufzureißen

Auch Frauen, die im Urlaub ein erotisches Abenteuer oder gar den Mann für's Leben suchen, sind vor Enttäuschungen nicht gefeit. Um nicht mit schweren neurotischen Störungen heimzufahren, sei auch diesen geraten, sich ihren Frust mittels Ansichtskarte sofort vom Leib zu schreiben.

Hallo Anna!
Ich könnte vor Wut die ganze Karte auffressen! Da reiß' ich mir bald ein Bein aus, um diesen Traumboy vom Handtuch nebenan aufzureißen, kauf' mir diesen geilen Tanga und dieses sündhaft teure Parfüm, bin mich eine Stunde am stylen bevor ich zum Strand geh' und dann zieht dieses Arschloch mit einer Tusse los, die nach gar nichts aussieht! Ich könnt ihr die Augen auskratzen!
Voller Wut
Babsi

Liebe Mama, lieber Papa!
Das war doch wohl keine so gute Idee mit meinem ersten Urlaub alleine. Ich weiß nicht woran das liegt, aber meist bin ich hier sehr allein. Dabei gibt es hier ganz nette Jungs. Aber wenn ich ihnen beim ersten Treffen alles sage, was ihr mir aufgeschrieben habt, gucken sie ganz blöd und hauen ab. Vielleicht fahre ich nächstes Mal doch wieder mit der Kirchengemeinde los, mit dem Pfarrer kann man sich wenigstens noch unterhalten!
Eure traurige
Maria-Magdalena

Tach auch!
Mein Gott, was ist bloß mit den Männern los? Die werden ja
heutzutage richtig kiebig! Sagt mir doch son Hänfling: Ich hab
auch meine Bedürfnisse! Dem hätt' ich doch bald eine ge-
scheuert! Bedürfnisse!! Das ich nicht lache!!! Diese Bagage
ist dazu da, um im Urlaub meine „Bedürfnisse" zu befriedigen!
Mein seeliger Albert war da ganz anders. Die sollen mir doch
alle den Buckel runter rutschen!
Eure zornige Adelheid

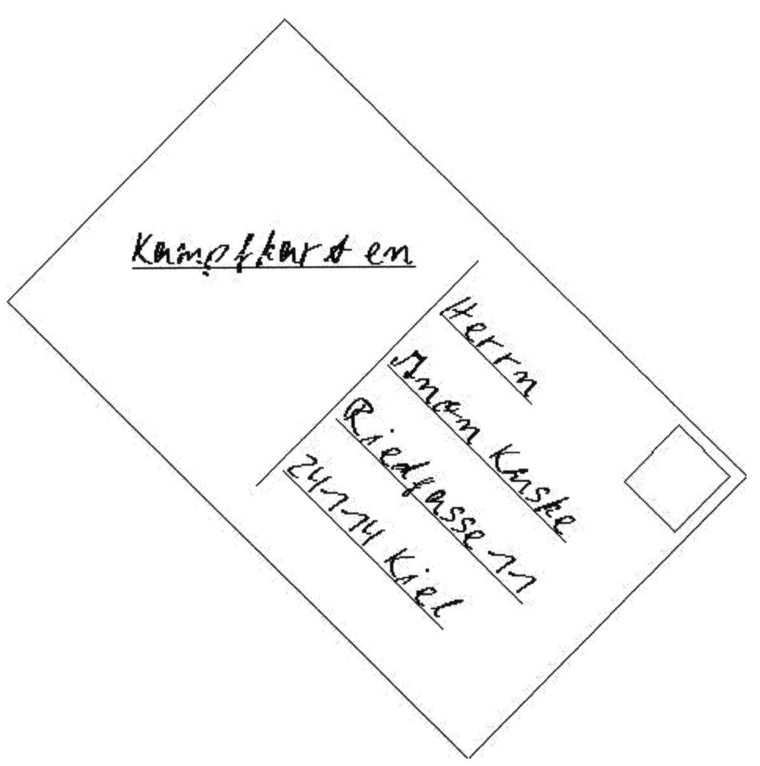

Kampfkarten
Herrn
Imam Knske
Riedfasse 11
24114 Kiel

Auch ein längerer Urlaub ist kein Grund einen schwelenden Streit zu unterbrechen. Ganz im Gegenteil: Je größer die Entfernung, desto deutlicher sollte man seine eigene Meinung per Urlaubskarte kund tun. Die Vorfreude auf die Heimreise ist bei weitem größer, wenn man weiß, dass der Gegner schon kochend auf einen wartet.

Frau Meyer-Scheckhardt!
Meinen Sie nur nicht, ich hätte vor unserer Abreise nicht mitbekommen, wie Sie wieder einmal über mich und meinen Mann getratscht haben! Fassen Sie sich lieber an ihre eigene Nase! Wer kommt denn jeden Abend besoffen nach Hause? Das ist doch wohl Ihr Mann! Und mein blaues Auge habe ich, weil ich gegen einen Schrank gelaufen bin. Passen Sie auf, dass mein Mann Ihnen nicht auch ein blaues Auge verpasst!
Denken Sie mal darüber nach!
Frau Dieterman

Liebe Frau Müller!
Eins ist klar: Auch wenn wir jetzt vier Wochen nicht da sind, ist das kein Grund, den Flur schlampig zu wischen! Wir lassen das beobachten, und werden sofort den Hausverwalter anschreiben, wenn es im Flur so aussieht, wie in Ihrer Wohnung. Und auch, wenn wir den Trockenboden jetzt nicht benötigen, hat ihre Wäsche da noch lange nichts zu suchen! Hängen Sie Ihre Schlüpfer und BH's gefälligst woanders auf, sonst hören sie von unserem Anwalt! Und das wird teuer!
Merken Sie sich das!!
Viele Grüße
Elvira Beyermann

Sehr geehrter Herr Schweighardt!
Da machen Sie bestimmt ein dämliches Gesicht, wenn Sie in ihrem Fernglas nur noch unsere geschlossenen Vorhänge sehen können, Sie Spanner Sie! Jetzt können Sie sich woanders aufgeilen, als wenn meine Frau sich auszieht, Sie armes Schwein! Wenn wir nicht so Mitleid mit Ihnen hätten, hätten wir schon lange die Polizei gerufen und Sie säßen jetzt im Knast! Da können Sie einmal sehen, was Sie für ein Glück haben! Aber wenn ich Sie noch einmal mit ihrem Fernglas erwische, können Sie sich auf etwas gefasst machen!
Mit besten Urlaubsgrüßen
Ihre Nachbarn

Besondere Freude macht es, im Urlaub den Krach mit der Verwandtschaft intensiv zu vertiefen. Endlich muss man mal kein Blatt vor den Mund nehmen, sondern kann den Lieben Zuhause alles das sagen, was man immer schon mal loswerden wollte. Für fröhliches Hauen und Stechen nach dem Urlaub ist damit bestens gesorgt, und die ganze Erholung hat sich wenigstens gelohnt.

Lieber Bruder Heinz!
Du glaubst gar nicht, wie wohl wir uns fühlen, dass wir soweit von dir Blödmann weg sind! Obwohl wir schon zwei Wochen hier sind, haben wir so ein Arschloch wie dich noch nicht getroffen. Aber verlass dich drauf: Dich kriegen wir aus der Wohnung noch raus, Testament hin oder Testament her! Und wenn wir bis zum Bundesverfassungsgericht gehen, koste es, was es wolle! Dich kriegen wir schon!
Blöder Hund, blöder!
Dein Walter

Liebe Ingrid!
Soweit habt ihr es also nun gebracht, dass ich in Erholung
fahren muss, um keinen Herzinfarkt zu bekommen. Dabei hat
der Arzt gesagt, dass jede Aufregung für mich Gift ist! Aber du
hättest mich sowieso am liebsten sofort unter der Erde! Sonst
wärst du nicht immer so hässlich zu mir! Jetzt muss ich mich
schon wieder aufregen, dass ich an zu weinen anfange.
Wahrscheinlich komme ich tot zurück, aber das ist dir ja ganz
egal! Du hast eben kein Herz!
In Liebe
Mutti

Ihr Erbschleicher, ihr!
Jetzt meint ihr wohl, ihr könnt wieder bei Oma herumschlei-
men, um euren Anteil am großen Kuchen zu vergrößern. Pu-
stekuchen! Wir waren nämlich da, bevor wir losgefahren sind,
und haben Oma erst einmal die Augen geöffnet, was ihr für
Einschleimer seid! Jetzt weiß sie Bescheid und mit eurem
Erbschein könnt Ihr euch den Hintern abwischen! Schade,
dass wir eure blöden Gesichter nicht sehen können, wenn ihr
bei Oma angebuckelt kommt!
Ätsch!
Rainer, Elisabeth und Kläuschen

Natürlich gibt es auch Zeitgenossen, die in Urlaub fahren, ohne das geringste Gewitterwölkchen zu Hause zurückzulassen. Damit die Zeit nach dem Urlaub dann nicht so fad wird, kann man diesen armen Menschen nur empfehlen, spätestens in den Ferien einen gehörigen Streit vom Zaun zu brechen. Es braucht dazu nur ein bisschen Mut und etwas Fantasie.

Liebe Familie Bruns!
Vielen Dank noch einmal, dass sie uns mitten in der Nacht zum Flughafen gefahren haben. Wir haben das auch zunächst für freundliche Hilfe unter Nachbarn gehalten, bis meinem Mann dann auffiel, dass Sie ja dieses Jahr dreimal in Urlaub fliegen. Das hätten Sie sich so gedacht, was? Uns einmal hin und her fahren, und dann können wir für den Rest des Jahres Ihnen in den Chauffeur machen! Das kommt für uns nicht in Frage, bleiben Sie bloß zu Hause, wenn wir zurückkommen, wir fahren mit dem Taxi heim.
Trotzdem noch einmal vielen Dank!
Frau Wellerman und Familie

Liebe Tante Irene!
Eigentlich gefällt es uns im Urlaub ganz gut, wenn nur das ewige Postkartenschreiben nicht wäre. Eigentlich ist es eine Unverschämtheit, dass wir uns damit die ganzen Ferien versauen, bloß weil du so egoistisch bist! Also ist das jetzt hier die letzte Karte, dann kannst du uns mal am A......!
Und wenn du jetzt wieder beleidigt bist, brauchst du auch nicht mehr anzurufen, wenn wir wieder da sind!
Ich hoffe, das ist jetzt klar!
Mit letzten Grüßen
Deine Inge

Liebe Familie!

Jetzt, wo ich das erste Mal alleine von euch weg bin, merke ich erst, wie doof ihr alle seid! Hier sind mir ja richtig die Augen aufgegangen! Ihr habt mich den ganzen Tag nur beleidigt, unterdrückt und ausgenutzt. Wie habe ich das bis jetzt nur aushalten können? Damit ist jetzt Schluss! Wenn ich wieder zu Hause bin, ziehe ich sofort aus, damit ihr mir nicht mehr auf die Nerven gehen könnt. Am besten seht ihr zu, dass ihr dann gar nicht da seid!

Mit hässlichen Grüßen

Oliver

Sehr geehrter Herr Dr.Kleiter!
Ich denke, wir sollten unseren Streit jetzt begraben. Sie haben mich als Vollidiot bezeichnet und ich habe Ihnen dafür Stinkbomben durch den Briefkastenschlitz geworfen. Damit ist für mich die Sache erledigt und das sollte sie auch für Sie sein. Wenn Sie aber noch mal so etwas sagen, lasse ich mir auch wieder etwas einfallen. Aber ich denke, jetzt ist es gut.
Mit friedlichen Grüßen
Hochachtungsvoll
Ihr Dieter Gondsak

Lieber Wolfgang!
Deinen letzten Brief habe ich erhalten. Jetzt ist aber Schluss! Ich weiß es jetzt ein für allemal, und du auch! Deswegen schreibe ich nichts mehr dazu, und ich möchte auch nichts mehr davon hören! Wenn du jemanden zum Streiten suchst - ich will damit nichts mehr zu tun haben. Lass uns lieber mal wieder einen Saufen gehen. Für mich ist diese Sache erledigt, wenn für dich nicht, ist es mir auch egal. Ich werde mich jedenfalls in dieser Sache nicht mehr an dich wenden.
Klar?
Dein Norbert

Jawohl Jochen!
Es ist jetzt gut! Du hast dich geärgert und ich bin schuld. Tut
mir leid! Entschuldige, dass ich überhaupt geboren bin. Es soll
nicht wieder vorkommen! Ich trete mir selbst in den Hintern,
und wenn es sein muss, hau ich auch noch mit dem Kopf vor
die Wand, du kannst dich jedenfalls jetzt abregen, ich nehme
alle Schuld auf mich. Bist du jetzt zufrieden? Wenn nicht, vergiss das, was ich dir jetzt geschrieben habe. Ansonsten sehen
wir uns in 14 Tagen. Bis dahin-
Dein Rolf

Euphorisches

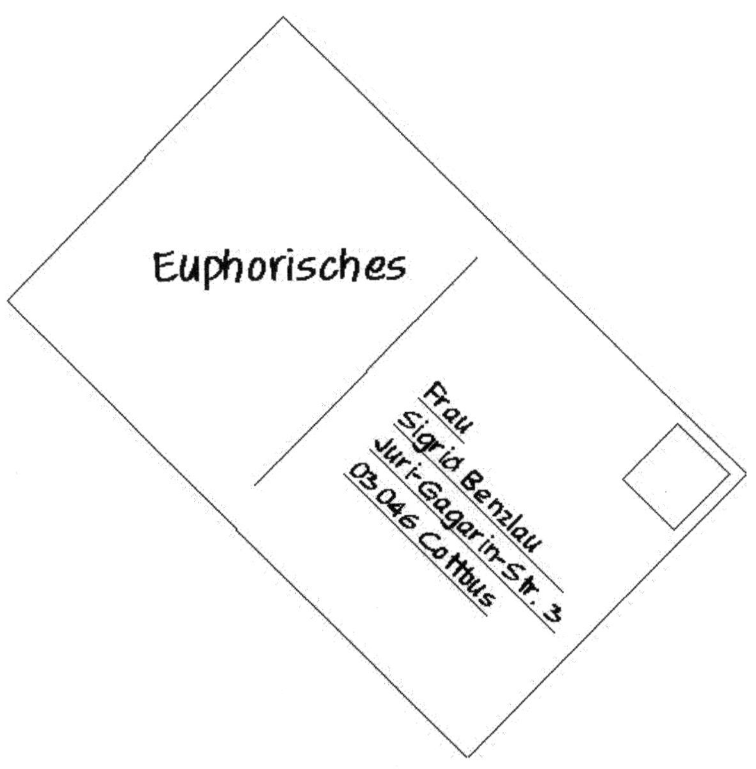

Hallo Ida!
Ich bin ja überglücklich! Nein, welche Freude, hier weilen zu dürfen! Die Natur ist so natürlich, dass sie fast schon übernatürlich ist! Jeder Blick, den ich schweifen lasse, jagt mir wohlige Schauer über den Rücken! Mit jedem Atemzug trinke ich Wonnen in mich hinein! Die Landschaft ist eine reine Schönheitsorgie! Und ich mitten darin! Dass ich das noch erleben darf!!
Mir schwindelt vor lauter Freude und Lust am Hiersein!
Deine unendlich seelige Frieda

Liebe Kinder!
Nun bin ich endlich eins mit dem, der mich und die Welt um mich herum geschaffen hat! Die Täler singen Gotteslob mit himmlischen Stimmen und von den Bergwänden schallt echogleich das Harfenspiel der Engel zurück. Die Sinne schwinden mir angesichts dieser paradiesischen Pracht! Selbst die Mückenstiche lösen in mir beglücktes Entzücken aus, denn auch sie sind Geschöpfe des Herrn, diese verdammten Biester! Hier ist Wohlsein, hier lasst uns Hütten bauen!
In Anbetung dieser Schönheit
Euer Vater

Guten Tag Frau Benzlau!
Ich sende Ihnen jubelnde Urlaubsgrüße. Es ist absolut um-
werfend, wie sich hier an diesem gesegneten Fleckchen Erde
Mensch und Natur begegnen. Ich sitze hier an einem idylli-
schen See, mit Ausblick auf die Ruinen der alten Chemiefa-
brik, der zartmilde Duft der Wiesenblumen vermählt sich mit
dem männlichen Geruch des Braunkohlekraftwerks und das
liebliche Gezwitscher der lieblichen Vögel wechselt, wie von
überirdischer Hand gesteuert, ab mit dem satten Donnern der
Tiefflieger des benachbarten Jagdbombergeschwaders. Diese
Symbiose von Mensch und Natur ist einfach göttlich!
Ihr begeisterter Nachbar H. Knickering

*Viel Freude macht es auch, wenn einem in der Fremde die
Menschen freundlich begegnen. Gerade, wenn man dies von
zu Hause vielleicht nicht so gewohnt ist, können solch positive
Erfahrungen wahre Begeisterungsstürme in den Kartenschreibern auslösen.*

Hallo Marty!
Mein Gott, was lebt hier doch ein fröhliches und glückliches
Völkchen. Nicht nur in der Anlage, auch außerhalb unseres
Hotels sind die Menschen nur davon beseelt, uns zu bemut-
tern, Schuhputzer stürzen sich sofort auf deine Schuhe, eine
Unzahl von Getränken wird dir offeriert, selbst Kinder bieten
dir unentwegt Taschentücher an – ach es tut einfach gut, ein-
mal der Mittelpunkt zu sein. Natürlich muss man alles bezah-
len, aber das ist nun mal so im Urlaub.
Voll begeistert
Manni

Lieber Toni!
So wie ich hier muss sich ein Muselmann in seinem Paradies
fühlen – ich werde von den schönsten Frauen verwöhnt, wie
ein Mann es sich in seinen wildesten Träumen nur vorstellen
kann. Natürlich gibt's das nicht umsonst, man muss sogar
ganz schön dafür berappen, aber dafür kriegt man auch wirklich was! Außerdem geht es den Mädchen hier nicht wirklich
um das Geld, das merkt man einfach, ehrlich! Und so Spitze
wie die Süßen hier sind, würd man die Kohle auch so rüber-
wachsen lassen!
Viele Grüße aus dem Paradies
Bubo

Liebe Schwester!
Wir haben es wieder einmal supergut getroffen und leben wie
der Herrgott in Frankreich. Allein beim Dinner schwirren ständig acht befrackte Kellner um uns herum. Einer rückt die
Stühle zurecht, ein anderer bringt die Speisekarte, der nächste
wärmt mit einer Kerze die Teller an, ein andrer kümmert sich
um den Wein, wieder einer nimmt die Bestellung entgegen
und bringt die Speisen, die ein ganz anderer vorlegt, dann
räumt einer das Geschirr ab und der letzte bringt dezent die
Rechnung, die man nur unterschreiben muss. Beim Heraus-
gehen stehen dann alle Spalier, dann braucht man allerdings
immer etwas Bargeld.
Viele Grüße von deiner tief beeindruckten Nora

*Glücklich ist, wer sich über sich selbst freuen kann. Nur der
Urlaubsgast, der so mit sich selbst im Reinen ist, dass er
glaubt, dass er alles, was geschieht, seiner positiven Erschei-
nung verdankt, kann dies auch seinen Mitmenschen mitteilen,
ohne schon beim Schreiben zu erröten.*

Hallo Ingrid!
Also irgendwas muss doch an mir dran sein, was ich noch nicht wusste. Da betrete ich doch die Hotel-Lobby und alle Leute in den Sesseln fangen an zu applaudieren. Ich hab' mir natürlich nichts anmerken lassen, aber als ich zur Rezeption gehe fängt eine Combo an zu spielen: Genau mein Lieblingslied! Da hab ich nur ganz huldvoll genickt, und als ich dann am Aufzug war und hochfahren wollte, haben die Musiker aufgehört und die Leute haben noch einmal geklatscht, bis ich im Aufzug verschwunden war. Das musste ich dir sofort schreiben!
Noch immer sehr angetan
Deine Sissi

Hey Ferdy!
Hier ist alles palletti, ich hab' alles voll im Griff. Ich muss hier wohl <u>die</u> Attraktion sein, wenn ich über die Strandpromenade geh' spür ich förmlich die Blicke in meinem Rücken. Natürlich schau ich mich
<u>nicht</u> um, sondern geh ganz cool weiter, aber auch vor mir seh ich auch genug Miezen, die mich kurz ansehen und dann vor Aufregung und Verlegenheit wild zu kichern anfangen. Mal kucken, in den nächsten Tagen schlag ich dann vielleicht mal zu!
Give me Five!
RockyGrüß dich Uschi!

Ich wusste doch immer, dass ich ein Händchen für Kinder habe! Vom ersten Tag an kommen immer ganz viele zu mir, sobald ich nur das Hotel verlasse. Meist spielen wir dann immer das gleiche Spiel: Ich schmeiße mein ganzes Kleingeld weg und die Kleinen grabbeln es auf, wer dann am meisten gesammelt hat, kriegt zur Belohnung noch einen Lolly von mir. Das Spiel muss unheimlich beliebt sein, jeden Tag werden es mehr Kinder und fast alle begleiten mich nach dem Spiel noch unheimlich lange! Mit fröhlichsten Grüßen! Waltraud

Ich muss hier wohl die Attraktion sein...

Prost alle Mann!
Herzliche Promille vonne Insel! Hier lebse immer ein Tuck
übern Boden und bis permanent am
schweben. Bisse unglücklich – trinkset weg, bisse wieder
glücklich bis. Am besten is Cuba libre, dann brauchse nich
soviel schlafen. Wennse bisken schlafen wills, trinkse Bier.
Aber glücklich bisse eigentlich immer, weil, Weiber sind dir
egal, Hunger hasse nich und Alohol krisse immer – watt will
man noch mehr! Schade bloß, datte irgendwann wieder zurück muss!
ein dreifachen Hicks!
Männe

Hi, ihr Zuhause!
ich wohne in den Wolken und bin eine Schneeflocke. Mein
Daumen heißt Gretchen und kann mit mir über alles reden, tut
er auch. Körper habe ich eigentlich keinen mehr, brauche ich
auch nicht, weil ich bin hauptsächlich aus Licht, meist rotgelb,
manchmal auch grünlila. Bloß einen Kopf habe ich noch
manchmal mit einer Zunge, die ist 10 Meter lang und 15 Kilo
schwer. Die ist im Mund. Den habe ich auch noch, sonst hätte
ich ja vorhin nicht diese komischen Tütchen rauchen können!
Regenbogenfarbige Grüße
Timo

Haaallooohhh!
Ich schwebe wie auf Wolken! Drei Nächte habe ich jetzt nicht
mehr geschlafen und brauche das auch nicht mehr. Die ganze
Welt ist ein Karussell und dreht sich zu toller Musik. Es ist egal
ob es Nacht oder Tag ist, Hauptsache, ich fliege. Im Augen-
blick bin ich ganz viele und die stehen alle um mich rum und
gucken, wie ich die Karte schreibe. Hey, kann mal einer von
Euch –die Karte zur Post bringen? Faule Bande und alles ich!!
Bis irgendwann dann mal, irgendwo, irgendwie oder???
Gaby

Depressives
Herrn
Dieter Koschek
Blumenweg 22
21635 Hinterdeich

Nicht immer dient der Urlaub einer seelischen Aufrüstung. Mancher Zeitgenosse, vor allem, wenn er mit sich selbst allein ist, hält die Begegnung mit dem eigenen Ich nur schwer aus. Bevor es zur Katastrophe kommt, sollte man es vielleicht doch noch mit ein paar letzten Signalen versuchen.

Ihr Lieben!
Es ist ganz furchtbar. Unumstößlich weiß ich jetzt, dass ich keine Minderwertigkeitskomplexe habe. Ich bin minderwertig. Bitte entschuldigt, dass es mich überhaupt gibt, ich kann nichts dafür. Man sollte mich einfach in einen Müllcontainer werfen, aber das würde nur den Müll beleidigen. Bitte entschuldigt auch, dass diese Karte nicht mehr zu gebrauchen ist, weil sie schon beschrieben ist. Wenn wir uns jemals wiedersehen, kaufe ich euch eine neue, das ist das mindeste, was ich tun kann.
In tiefer Trauer
Hugo, der Minderwertige

An Euch alle!
Ich bin ein Schwein! Ein Superarschloch! Mein ganzes Leben war ich schon so! Ihr habt es mir immer gesagt! Aber ich habe es nie glauben wollen! Jetzt sehe ich es klar vor mir! Warum bin ich nur so? Ich bin sogar so verdorben, dass ich mich nicht ändern will! Kann ich auch gar nicht! Ich bin verdammt, für immer so zu bleiben! Scheiße! Aber egal! Alle, die trotzdem noch mit mir leben wollen, kriegen hiermit verfickte Grüße!
Wilfried

Liebe Magda!
Auf langen und einsamen Wald-
spaziergängen habe ich erkannt,
dass ich weit von den humanisti-
schen Idealen, die ich mir einst
so stolz gesetzt, meilenweit
entfernt bin. Mag sein, dass ich
großes für die Welt geleistet habe, vor mir selbst stehe ich als
nacktes Unter-Ich da. Wie soll
ich mir selbst je wieder unter
die Augen treten können? Weine
nicht, wenn ich noch nicht zu-
rückkomme, es bedarf noch vie-
ler Waldspaziergänge um mich
mit mir und meinem Schöpfer
auszusöhnen!
In tiefer Verzweiflung
Dein Romuald

*Nicht nur die Selbsterkenntnis kann Depressionen auslösen,
auch die unvoreingenommene Betrachtung der zwischen-
menschlichen Beziehungen kann tiefgreifende seelische Kri-
sen auslösen, die man unverzüglich seiner Um- und Mitwelt
mitteilen sollte.*

Meine lieben Freunde!
Halt – schon hier stocke ich! Habe ich überhaupt Freunde? Ich
sage nein! Ihr trinkt meinen Champagner, löffelt meinen Kaviar
und der eine oder andere teilt mit mir die Gespielinnen der
Nacht. Aber meint ihr mich damit? Abermals sage ich nein!
Hohles Geschwätz ist jede Schmeichelei, öder Kleister jedes
Kompliment. Wer will mich, den Menschen? Keiner! Nie war
es mir so klar wie heute – darum verachte ich ab sofort die
Welt in ihrer Gänze. Dreimal Pfui!!!
Euer Unfreund Maurice

Oh ihr schnöden, ihr!
Ja, ja, jetzt ist es mir schon klar! Kaum drehe ich euch den
Rücken, schon tuschelt ihr über mich, wie ihr es immer getan
habt! Oder warum wart ihr sonst immer so scheißfreundlich,
wenn ich euch getroffen habe? Ihr habt euch doch nur mit mir
abgegeben, damit Ihr hinterher über mich reden könnt! Oder
warum habt Ihr mich sonst nach meinen Erlebnissen gefragt?
Aber jetzt habe ich euch erkannt! Ich kündige hiermit meine
Bekanntschaft mit euch Heuchlern!
In einsamer Verachtung
Werner

Lieber Markus!
Dir will ich es sagen: Beim Betrachten zweier schwarzer
Schwäne ist es mir wie Schuppen von den Augen gefallen: Ich
werde nicht geliebt! Alle Frauen, die ich bisher gehabt habe,
haben mich nur als Lustobjekt missbraucht – geliebt hat mich
keine! Keine, die sich um meiner selbst willen mir hingab, alle
suchten nur den Bullen in mir. Meine Potenz ist mein Fluch –
um meine Seele kümmert sich keiner! Deshalb habe ich be-
schlossen, mich hinter Klostermauern zurückzuziehen und
den Frauen dieser Welt zu entsagen. Wenn ich das schaffe!
Mit eremitischem Gruß
Bruder (in spe) Harald

*Natürlich muss es nicht immer das Grundsätzliche sein, das
den Menschen in eine Krise stürzt. Manchmal genügt es
schon, dass der Urlaub nichts, aber auch gar nichts von dem
gehalten hat, was man sich eigentlich so vorgestellt hatte.*

Hi Ramona,
dir als meiner besten Freundin kann ich es ja sagen: Ich sitze
inzwischen den ganzen Tag in meinem Hotelzimmer und
heule! Von wegen: Bei der Bienale laufen massenweise Pro-
duzenten und Regisseure herum – wo denn??? Ich bin den
ganzen Tag lang in meinen heißesten Minis und geilsten Tops
vor dem Festspielkino auf- und abgestöckelt und was war?
Drei Typen haben mich auf englisch angequatscht und gefragt, was es bei mir ohne Gummi kostet. Nix mit Filmkarriere!
Völlig verzweifelt
Deine Serafin

Hallo Frau Nachbarin!
Mit dem Herzwärmer für den geruhsamen Lebensabend war hier wohl nicht! Die Männer hier sind alle Tattergreise und schon scheintot. Und auch nicht mein Niwo. Primitiv, einfach primitiv. Und kackfrech obendrein. Fragt mich doch so ein Hänfling beim Kurkonzert, ob mein „Salome-Outfit" in meinem Alter nicht ein bisschen gewagt sei. Dabei bin ich erst 73! Gut für ihn, dass er nicht mit mir verheiratet war. Ich werde meine alten Tage wohl einsam beschließen müssen.
Ziemlich sauer
Frau Luise Dransmann

✝✝✝

Liebe Eltern!
Hier im Ferienlager ist alles nur Scheiße. Beim Fußballspielen werde ich immer als letzter gewählt und als ich mich gemeldet habe, um beim Märchenspiel den Prinz zu spielen, hat Dornröschen einen Weinkrampf gekriegt. Und beim Tauziehen haben sie mich einfach hinten ans Tau gebunden und gesagt, dass mich die gegnerische Mannschaft sowieso nicht wegkriegt. Bitte schickt mir noch 20 Tafeln Schokolade, dann habe ich wenigstens ein bisschen Freude.
Euer Mopsi

✝✝✝

Schließlich und endlich genügen bei manchen Zeitgenossen schon ganz einfache Dinge, um sofort und anhaltend Depressionen auszulösen, und wenn es das Wetter ist. Schließlich hat man auch für das Recht, im Urlaub tieftraurig zu sein, bezahlt.

Liebe Sandi,

hier ist alles nur zum Heulen und das tue ich auch meistens. Das Abendessen gibt es nur auf Holztischen ohne weißes Tischtuch. In unserem Fernseher im Schlafzimmer können wir nur fünf Programme empfangen. Die Hauskatze läuft immer weg, wenn ich sie streicheln will. Und zu allem Überfluß sagt Dieter mindestens dreimal am Tag: Mein Gott, das ist mal ein richtiger Urlaub zum Entspannen. Ich glaub, ich lass mich scheiden! Dann kann ich wenigstens zu Hause weiterheulen.
Unter Tränen
Roberta

Liebe Mutter!
Jetzt erkenne ich erst wie recht du hattest, als du sagtest, ich
hätte Jürgen nicht heiraten sollen. Dann würde ich wenigstens
nicht den traurigsten Urlaub meines Lebens erleben. Und dabei hatte ich mir so schön vorgestellt, wie ich im Liegestuhl
liege, Jürgen mich eincremt, mir Getränke bringt und mir jeden
Wunsch von den Augen abliest. Und was tut dieser faule
Sack? Legt sich selbst in einen Liegestuhl und liest. Ich könnte
platzen vor Ärger, während dieser Idiot sich offensichtlich
prächtig erholt!
Voller Wut
Anna-Katharina

Meine Lieben zu Hause!
Ach wäre ich doch bei euch geblieben, anstatt in dieses Re-
genloch zu fahren. Dieses Mistwetter macht auch mich ganz
trübsinnig. Man kann sich nicht mal über die Sonne freuen,
weil man ja weiß, dass es doch bald wieder regnen wird. Am
meisten regt mich auf, dass die meisten Leute um mich herum
trotzdem so gut gelaunt sind. Das gehört sich bei so einem
Wetter einfach nicht! Ich könnte so dreinschlagen!
Tropfnasse Grüße
Walter

Pubertäres
An
Rudi Petering
Haugstr. 17
49497 Mettingen
Germany

*Mit Heranwachsenden an der Schwelle zum Erwachsensein
einen Urlaub zu verleben, ist schon ein Kapitel für sich. Es
beruhigt dabei nur zu wissen, dass man seinen Nachwuchs
deswegen nicht versteht, weil niemand ihn verstehen kann.
Wie gut, dass alle Geplagten sich wenigstens per Ansichtskarte etwas Luft verschaffen können.*

Lieber Tommi,
hier ist alles Scheiße. Mein Vater ist das endgeile Superarschloch und Ma kann man auch vergessen, die ist total
von ihm abhängig. Ich weiß überhaupt nicht, warum die so
einen Stress machen, bloß weil ich ein bisschen nach Bier
gerochen hab. „Mein Sohn ist mit 13 schon Alkoholiker!" hat
mein Alter gebrüllt. Dabei trinken die bei jedem Essen Wein.
Ich überleg' mir noch, ob ich überhaupt mit nach Hause fahre
oder mir hier was suche!
GAK!
Timo

Liebes Tagebuch,
heute schreibe ich dir mal eine Ansichtskarte. Hier versteht
mich keiner! Heute habe ich die ganze Zeit in der Fewo gesessen und furchtbar laut geseufzt, aber meinst du, einer hat
etwas gemerkt? Meine Ma hat gesagt, ich soll ein Taschen-
tuch nehmen, wenn ich erkältet bin, ich hätt' so losheulen
können.
Das ganze Leben hat keinen Sinn mehr, wenn nicht bald was
passiert.
Ich bin so furchtbar traurig!
Melanie

Liebe Anke!
Du musst mir unbedingt einen Gefallen tun! Fahr sofort, zu
Herr Fischers Wohnung und guck, ob er da mit der neuen
Refrendarin rummacht. Ich dreh am Rad, wenn ich hier sitze
und vielleicht zu Hause mein ganzes Leben restlos zusam-
menbricht! Du bist doch meine beste Freundin! Und wenn die
blöde Tusse wirklich da ist, tu irgendwas! Ich kann sonst nicht
mehr leben! Und schreib' mir nur postlagernd!
Julia

*Die wichtigste Lebenseinstellung in einer bestimmten Le-
bensphase heißt, vor allem für ganze Männer: Sei cool! Wie
gut, dass eine Ansichtskarte geduldig ist und die Empfänger
zumeist in der gleichen Geisteshaltung gefangen sind!*

Hey Clique!
Hier auf der Insel bin ich der absolute King! Weiber könnt' ich
haben – jede Menge! Mir ist das bloß zu lästig, nachher wird
man die nicht mehr los. Und was soll ich zu Hause mit ner
fremden Tusse? Aber ich bring euch mal ein paar Pics mit,
damit ihr sehen könnt, was hier für heiße Geräte rumlaufen!
Ihr glaubt gar nicht, wie die mich anschmachten, wenn ich so
lässig an denen vorbeischlender!
Haltet euch senkrecht!
Der Commander

Hi Carsten!
Hier ist es schon ein hartes Leben! Jeden Tag Bier und Korn
und Sangria kann einen schon umhauen! Aber ich bleib da
ganz locker, wenn es sein muss, hau ich das Zeug so rein!
Neulich war ich so besoffen, dass ich bald nicht mal unser
Lager wiedergefunden hab! Eine aus dem Mädchenlager würd
wohl gern mitmachen, aber Saufen ist nun mal Männersache!
Ein bisschen schade ist das schon, die ist sonst ganz nett!
Nochmal Hi! Robin

Lieber Andi!
Nun ist es soweit: Der Arzt hier hat mir das Rauchen endgültig
verboten! Herr Tossen, hat er gesagt, wenn Sie noch weiter-
rauchen, haben Sie noch höchstens ein Jahr! Aber ich bleib
da ganz cool! Hin und wieder mal ne Lulle – die lass ich mir
doch nicht von so einem Weißheini vermiesen – wenn ich
dann nur 14 werde, was soll's. Bisschen weniger – meinetwegen, lass ich ja mit mir reden, is ja gut, wenn sich wenigstens
einer Sorgen um einen macht!
Tschau!
Ron

*Das ganze Elend pubertären Lebens offenbart sich dem Leser
erst, wenn er die Gelegenheit erhält, den Kartenfluss zur „besten Freundin" lückenlos zu verfolgen, und sieht, welch
schrecklichen Dramen das Leben doch oft schreibt!*

Liebe Laura!
Heute hatte ich richtig Zoff mit meinen Alten. Die hatten doch
glatt gemeint, wenn ich schon mit ihnen in Urlaub fahr, würd'
ich abends auch mit ihnen rumhängen! Bei den süßen Typen
die hier rumlaufen! Dann wollten die mich in die Jugenddisco
schicken. In so einen Kindergarten! Hab' ich mich erstmal
eingeschlossen und Terz gemacht. Hat noch nichts genützt,
aber wir sind ja noch länger hier!
Viel Grüße
Deine Freundin Irena

Laura, Laura, Laura!
Ich hab's geschafft!!! Morgen fahren Mam und Dad zu so einem blöden Freilandmuseum. Und Ricky, der Schleimer,
kommt auch mit. Jetzt geht's los! Ich hab mir auch schon einen ausgesucht, den ich extraklasse finde. Ob ich bis zum
letzten gehe, weiß ich noch nicht, aber man kann ja mal guk-
ken wie es so läuft! Ich bin schon ganz aufgeregt! Drück mir
die Daumen! Deine beste Freundin Irena!

Dann wollten die mich in die Jugenddisco schicken!

Lau,
ich glaub' ich bring mich um!
War alles nur voll megadoof!
Dabei hab' ich alles gemacht,
was in der BRAVO stand,
aber mich hat nicht einmal einer angeguckt! Ein son Arsch
hat mir sogar gesagt, ich soll
im Sand spielen gehen! Ich heul
den ganzen Tag! Und Mam und
Dad haben nicht mal Mitleid!!!
Ich könnte allen die Augen auskratzen!!! Männer sind blöde
Schweine! Jawohl!
Deine einzige, beste und liebste Freundin
Irena

Es ist an der Zeit, den Blickpunkt zu wechseln. Auch aus manchen Karten geplagter Eltern kann man mühelos die Hilflosigkeit ablesen, die so manchen angesichts unkontrolliert vor sich hin pubertierender Sprösslinge ergreift.

Hallo liebe Schwägerin!
Also manchmal könnte ich dieses Biest von meiner Tochter so an die Wand quacken! Da bietet man ihr einen Traumurlaub, fährt durch diese verdammte Hitze Stunden zum Grand Canyon – und wenn man dann – „Danke" will man ja schon gar nicht erst erwarten – abends im Hotel zu fragen wagt, ob das nicht ein eindrucksvolles Erlebnis war, kriegt man zu hören: Weiß ich nicht, ich hab' sowieso die Augen zugemacht! Ich musste Horst-Dieter richtig zurückhalten, sonst hätte es eine Katastrophe gegeben!
Voller Sorge
Ria

Liebe Mutter!
Ich bin hier im Urlaub doch schon ganz von Sorge zerfressen! Ich glaube Mäxchen ist in furchtbar schlechte Gesellschaft geraten. Neulich habe ich (heimlich natürlich) beobachtet, wie er und die seltsamen Freunde, die er hier gefunden hat, Pommes frites gegessen haben! Mit Mayonnaise! Mäxchen sogar zwei Tüten! Wo ist denn meine ganze Ernährungserziehung geblieben? Ich bin völlig durcheinander! Was soll ich denn nur machen?
In völliger Verzweiflung
Deine Claudine

Mein lieber Freund!
Was ist denn nur mit unseren Kindern los? Ich begreife es einfach nicht! Da quillt die Gegend hier geradezu über von Kulturgütern und Spuren der Vergangenheit und unser Herr Sohn hat den ganzen Tag nichts anderes zu tun, als mit Gleichaltrigen (sic!) auf einem Stein herumzusitzen und zu quatschen. Gerade mal, dass er noch zum Essen kommt! Dabei sind die alle weit unter seinem Niveau! Ich begreife es nicht! Wir waren da früher doch ganz anders!
Fassungslos
Ihr Schachpartner Georg

Liebesgrüße
Frau
Wwe. Hiltrud Beisig
Gundelbachweg 4
66802 Überherrn
Allemagne

Entfernung schafft oft die nötige Distanz, um das Verhältnis zu anderen Menschen zu klären. Insbesondere die Liebe wächst, blüht und gedeiht oft erst, wenn zwischen den Liebenden etliche Kilometer liegen. Eine Urlaubskarte ist dann oft das geeignete Medium, um Klarheit zu schaffen. Oder auch Verwirrung zu stiften.

Meine liebe Gudrun!
Hier, im fernen Afrika, merke ich erst, wie sehr du mir fehlst. Täglich sehe ich die Negermammies, die mit ihrer Kinderschar auf dem Markt einkaufen, und ich weine heiße Tränen, weil ich nicht der Vater dieser fröhlichen Kinder bin; vor allem bin ich traurig, dass du nicht die Mutter bist. Wollen wir das nicht ändern? (Unsere Kinder werden zwar nicht schwarz sein, aber sicher genauso fröhlich.) Bitte denke darüber nach, bis ich nach Hause komme.
Mit heißen Grüßen
dein dich liebender Klaus-Dieter

Sehr geehrte Frau Beisig!
Bezugnehmend auf unser letztes Gespräch anlässlich meiner Abreise nach Timbuktu in den Urlaub erlaube ich mir festzustellen, dass ich Ihnen offensichtlich nicht ganz gleichgültig bin. Da ich meinerseits auch Ihnen gegenüber nicht von völliger Gleichgültigkeit bin, sondern er das Gegenteil konstatieren kann, erlaube ich mir vorzuschlagen, dass wir nach meiner Rückkehr unverzüglich Verhandlungen über eine Fusion unserer beider Persönlichkeiten in Angriff nehmen und zu einem positiven Abschluss bringen. Ich erwarte Ihre Antwort am 15. August d.J. in der Ankunftshalle des Düsseldorfer Flughafens.
Mit freundlichen Grüßen
G.Drenus, Oberbuchhalter

Liebe Ria!
Hier am Strand von Hawai habe ich eine aufregende Entdek-
kung gemacht: Die einheimischen Mädchen sind zwar alle
sehr schön, aber du gefällst mir doch besser. Ich mag sowieso
blonde Girlis mehr, als schwarze und auch deine helle Haut
turnt mich mehr an, als diese Kakaofarbe. Also kurz und gut:
Ich schlage vor, dass wir beide zusammengehen, wenn ich
wieder zurück bin. Bitte schreib mir postlagernd an mein Hotel,
und zwar bald, sonst schnappe ich mir doch noch so ein Hula-
Mädchen.
In heißer Erwartung
Manni

*Eine urlaubsbedingte Trennung vom Partner hat durchaus
auch eine körperliche Komponente. Um nicht völlig fertig und
entnervt aus dem Urlaub zurückzukommen, ist es daher unbedingt erforderlich, Urlaubsgrüße als Ventil für aufkommen-
den Druck zu nutzen, die frohe Erwartungshaltung des Part-
ners bei der Rückkehr ist dabei zusätzlich erwünschter Ne-
beneffekt.*

Mein liebes Lämmchen!
Du glaubst gar nicht, wie satt ich diesen Urlaub habe! Ich laufe
schon ganz krumm, weil ich schon so lange verzichtet habe.
Und hier mag man's auch nicht tun, wegen Aids und so. Und
Tütchen hasse ich nun einmal. Deshalb kann ich gar nicht
erwarten, bis ich dich wieder in die Arme schließen kann, und
natürlich noch viel mehr! Mit Kopfschmerzen brauchst du mir
dann gar nicht erst zu kommen! Ich mache schon für jeden
Tag ein Kreuzchen.
Bis bald! (Hechel, Hechel)
Dein Böckchen

Du süße Sau Du!
Nee, watt freu ich mich, wenn ich wieder bei dich bin. Ich bin schon spitz wie Nachbars Lumpi! Is ja auch kein Wunder, wenne den ganzen Tach am Strand die Ärsche und Titten nur so wackeln siehs! Und bei solche Bienen kommt unsereinen ja sowieso nich zum Schuss! Aber brauch ich ja auch gar nich! Nächse Woche geht dat bei dir inne Bude wieder rund, datte Wände nur so wackeln!
Kauf dich schoma schwatte Unterwäsche!!!
Bis bald
Dein wilden Hengst

Meine geliebte Gattin!
Ich hätte gar nicht gedacht, wie sehr menschliche Bedürfnisse, oder besser gesagt, dass Fehlen menschlicher Bedürfnisse Einfluss auf das Wohlbefinden im Urlaub haben kann. Nach einwöchiger strenger Selbstbeobachtung muss ich aber ein-räumen, dass mich das Fehlen deiner körperlichen Nähe in arge Bedrängnis fast bis zur Sünde der Selbstbefleckung ge-bracht hätte. Ich bete jedoch täglich zum Herrn, dass er mir in der Stunde der Versuchung beistehen möge. Umso dankbarer werde ich sein, wenn es dann endlich wieder so sein wird, dass wir unseren ehelichen Pflichten genügen können.
In tiefer Liebe und Zuneigung
Dein Josef

Ganz zweifellos gehört zur Liebe auch die Eifersucht. Zwar sollten eifersüchtige Menschen gar nicht erst in Urlaub fahren, aber wenn sie es schon tun, müssen sie natürlich auch dort mit ihrem Leiden fertig werden. Eine kleine Hilfe mag hier die Urlaubskarte sein, ob sie tatsächlich immer Linderung schafft, muss bezweifelt werden.

Hallo Maus!
Ich hoffe, du gehst nicht fremd, während ich hier Urlaub mache! Ich will ja nichts gesagt haben, aber ich weiß natürlich, wie scharf Heinz Dieter auf dich ist! Seid bloß vorsichtig, sonst gibt das richtig was in die Fresse, wenn ich zurück bin! Und glaub man ja nicht, ich kriege so etwas nicht mit! Ich habe noch genug Kumpels, die mir stecken, wenn ihr es zusammen treibt! Also, bleib brav und mach keinen Scheiß, dann brauch ich mich auch nicht aufzuregen, wenn ich zurück bin.
Viele Grüße aus dem Urlaub
Dein Klaus

Lieber Hans-Peter!
Ich werde hier im Urlaub schon ganz unruhig, wenn ich so höre, was die anderen alle so von ihren Ehemännern erzählen. Der Mann von der Frau im Strandkorb rechts neben mir hat angeblich zwei Geliebte, die Frau links im Strandkorb sagt, dass ihr Mann einmal im Monat in den Puff geht und in der Hotelbar habe ich zwei Frauen getroffen, die sagen, dass kein Mann Nutten widerstehen kann. Eigentlich möchte ich sofort nach Hause fahren, um zu sehen was du machst. Ruf mich bitte sofort an!
In tiefer Sorge
Deine Frau Ursula

Du alte Schlampe du!
Da muss ich also erst nach Mallorca fahren, damit mir die Augen geöffnet werden! Ja, Pech gehabt meine Liebe, jetzt hab ich dich erwischt! Ich hab hier nämlich einen Kegelclub getroffen, die mit ihren Abenteuern mit die "schwarze Uschi" letztes Jahr in Sauerlandstern geprahlt haben. Klar, du bist zwar blond und heißt auch Yvonne, aber sonst stimmt dat mit die Beschreibung, und du warst auch zur gleichen Zeit mit euren Doppelkopfclub da.
Mach dich auf wat gefasst, wenn ich Hause komme!
Dein Horst

Manche Zeitgenossen können sich nicht zurückhalten: Sie neigen zu lyrischen Ergüssen. Für gewöhnlich werden diese anlässlich irgendwelcher Jubelfeiern in der Zeitung veröffentlicht, wer aber vor Liebe fast blind ist, macht auch vor einer Postkarte nicht halt. Dabei geht es nach dem Motto: Text muss, Reim soll, Metrum kann.

Lieber Männe!
Ich liege hier am Strand von Juist
und denk dran, wie Du mich letzte Woche noch geküsst.
Ich schreib Dir diese Urlaubskarte
weil ich Dich bei meiner Rückkehr am Bahnhof Borken sehn-
süchtig erwarte.
Das Wetter ist hier ziemlich trübe,
das macht nichts, weil ich dich trotzdem liebe!
Deine Edith

Liebe Claudia!
Ich schreib' Dir diesen Urlaubsgruß
weil ich an Dich denken muss.
Letzte Tage und auch heute
fehlst Du mir an meiner Seite.
Doch übermorgen dann zu Haus
machen wir erst mal einen drauf!
In Liebe
Dein Volker

Meine geliebte Elfe!
Wonnig war's vor 14 Tagen
Nach dem Wanderstab zu greifen
Und den Koffer in den Händen
Gottes Weite zu durchstreifen.
Doch nun ist die Zeit vergangen,
Die mir Sterblichem vergönnt.
Und ich hab in fremder Villa
Wahrlich nun genug gepennt.
Ich komme übermorgen nach Hause!
Edmund

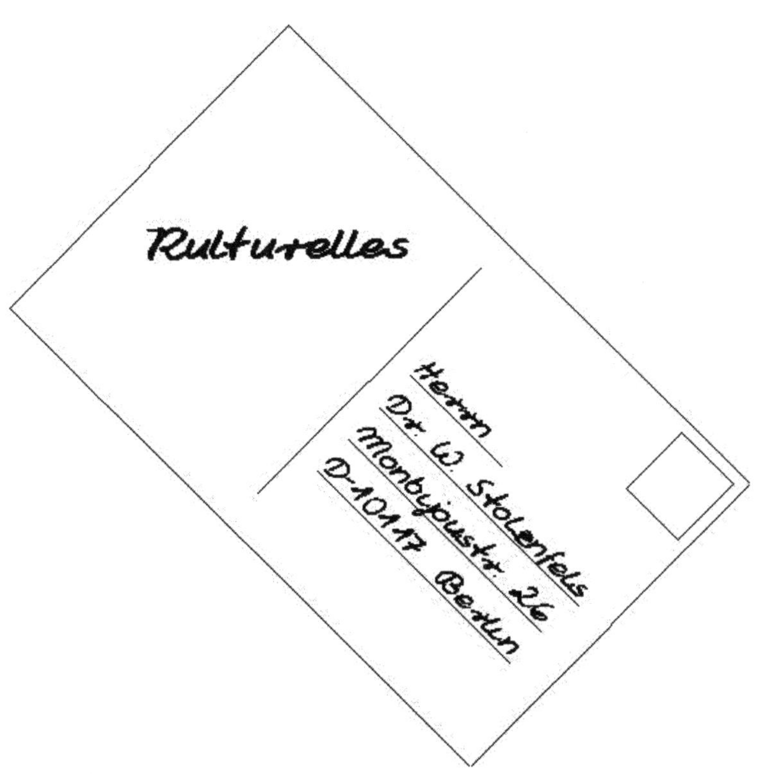

Kulturelles
Herrn
Dr. W. Stolzenfels
Monbijoustr. 26
D-10117 Berlin

Im idealen Urlaub lässt der Urlauber gerne einmal die Seele baumeln. Im Land der Dichter und Denker gehört(e) die kulturelle Bildung unbedingt dazu. Was das im einzelnen ist, entnimmt man am besten den Anmerkungen teutonischer Kulturjünger.

Lieber Herr Dr. Stolzenfels!
Es schmerzt meine Seele sagen zu müssen, dass die Italiener schlicht und ergreifend Kulturbanausen sind! Nicht nur, dass sie die schönsten Belcanto-Arien bei Verdis göttlichem Rigoletto gnadenlos mitsingen, sie jubeln bei allen Zugaben die unvergleichlichen C's ihrer sonst ja durchaus begnadeten Tenöre einfach in Grund und Boden. Kultur zu haben ist ja gut und schön, aber etwas deutsche Disziplin täte dem italienischen Opernpublikum durchaus an. Mich sehen die hier so schnell nicht wieder!
Bitter enttäuscht!
Ihr ehemaliger Zimmerkollege (Charitè)
Johann de Roy

Hallo Franz-Josef!
Adramoi enepe musa....! Ach, was war das für ein Gefühl, hier in diesem einmaligen Theater des Dionysos zu stehen und Homers unsterbliche Verse zu deklamieren. Wenn nur diese Ignoranten aus der Reisegruppe nicht wären! Sagt mir doch so eine blöde Kuh hinterher ‚Das haben sie aber schön aufgesagt!‘ Aufgesagt, ich bitte dich. Aber was soll jemand von der Kunst des Rezitierens verstehen, der wahrscheinlich einen Hexameter nicht einmal von einem Pentameter unterscheiden kann? Plebs!
Sehr einsame Grüße
Dein ehemaliger Mitschüler Heinrich

Liebe Vera!
Die Welt ist eine Jauchegrube und die Menschen in ihr ent-
setzlicher Abfall! Da stehe ich doch ergriffenen Herzens vor
den Särgen unserer größten Denker und Dichter Friedrich
Schiller und Johann Wolfgang von Goethe und schäme mich
nicht meiner hervorquillenden Tränen, da sagt doch so ein
Prolet neben mir: „Det is sowieso allet Betrug! Den Schiller
sein Sarg is nämlich leer, dat weeß keener wo se den damals
verbuddelt haben." Wäre ich nicht so kultiviert, ich wäre zum
Mörder geworden!
Noch vor Aufregung zitternd
Dein Jeremias

*Nicht immer gab es in der Vergangenheit kulturelle Ereignisse,
die wir Heutigen in ihrem vollständigen Ablauf noch in ihrer
Gänze nachvollziehen können. Oft steht uns dabei auch nur
unsere eigene Erziehung etwas im Wege!*

Werte Freundin!
Ich muss zugeben, ich bin zutiefst enttäuscht und empört. Ich
hatte das Ägypten der Pharaonen bisher für eine Hochblüte
von feinster Kultur gehalten. Was ich heute aber über die „reli-
giösen" Feierlichkeiten der wiederkehrenden Hochzeit von Isis
und Osiris erfahren musste, hat mich tief schockiert. Nur die
schlimmsten Schweinereien haben die hohe Herrschaften
getrieben! Und das Volk hat es bei solchen „Festen" natürlich
auch in aller Schamlosigkeit getrieben! Da lob ich mir doch die
Germanen und Wahlhall! Da wurde zwar völlig unkulturell
gesoffen, aber sauber waren sie wenigstens!
Voller Schauder grüßt dich
Deine Marita

Grüß Gott, Frau Müller!
Heute haben mein Mann und ich im hiesigen Theater den
„Faust" angetan, weil der Goethe hier mal gewohnt hat und wir
sowieso gerade da waren und man will ja auch mitreden können, wenn es mal um Kultur geht! Es war eine einzige Enttäu-
schung! Der Goethe hat in dem Stück ja kaum irgendwas
selbst geschrieben, sondern egalweg nur allgemein bekannte
Sprüche und Zitate aufgeschrieben. Die meisten stehen bei
uns in dem Buch „Geflügelte Worte". Also von Goethe hätte
ich mehr erwartet, abschreiben kann ich auch. Von Kultur bin
ich erstmal geheilt!
Ihre Frau Bach.

Hi Lea,
heute haben meine Alten mich in die Gemäldegalerie ge-
schleppt, damit ich auch mal Kultur mitkrieg. Ich hab mir das ja
alles angeguckt, entweder waren das dicke nackte Weiber
oder irgendwelche altmodischen Soldaten, die sich gekloppt
haben. Ma und Pa haben immer ganz aufgeregt getuschelt, da
wär irgendwo ein Rubens oder Rafael aber ich hab' immer nur
so alte Schinken gesehen. Verdammt groß waren die ja, ich
möchte mal wissen, wieviel Farbe man wohl braucht, um so
einen dicken Arsch zu malen, aber ich hab mich nicht getraut
zu fragen.
Bis bald beim Bigmäc!
Kevin

*Die Frage, was denn nun eigentlich Kultur ist und was nicht,
kann und soll hier nicht geklärt werden. Viele Verfasser von
Ansichtkarten scheinen aber die endgültige Antwort darauf zu
kennen und sehen auch kaum Anlass, ihre Ansicht hinter'm
Berg zu halten.*

Liebe Freunde vom Kulturverein!
Ich habe mir ja nun wirklich Mühe gegeben in diese fremdlän-
dische Kultur einzudringen und sie zu begreifen, aber ihr könnt
sagen was ihr wollt, diese türkische Musik ist einfach keine
Kultur! Egal, wo und was sie immer spielen, ob klassisch (jedenfalls was sie hier „klassisch" nennen) oder modern, es
klingt einfach ganz furchtbar! Kein erkennbarer Rhythmus,
kein Takt, keine Harmonie – also Toleranz in allen Ehren, aber
das kann man nicht durchgehen lassen, da müssten dringend,
ganz dringend mal ein paar Musiklehrer von uns kommen und
denen anständige Musik beibringen!
Mit kulturellen Grüßen
Dieter Muldereit

Hallo Anne, Hallo Marco,
gestern abend waren wir auf einem original afrikanischem
Stammesabend um etwas über die Kultur der Negerstämme
zu erfahren. Die Kostüme waren sehr bunt und nicht schlecht
aber die Musik war ziemlich eintönig und die Tänze ziemlich
einfallslos. Also wenn das man das zum Beispiel mit den fili-
granen Bewegungen thailändischer Tempeltänzerinnen ver-
gleicht, ist die Kultur hier ziemlich rückständig. Da ist ja selbst
der Tango bei uns im Tanzclub mehr Kultur. Aber vielleicht
entwickeln sich ja auch die Afrikaner noch weiter, man muss
ihnen eben nur Zeit lassen!
Viele liebe Grüße
Verena und Paolo

Aber vielleicht entwickeln die Afrikaner sich ja noch weiter

Liebe Kegelbrüder!
Also ich will ja nichts gegen Amerikaner sagen, aber Kultur
haben sie hier nicht! Hier gibt es zwar ein paar Schlösser, die
sie in Europa geklaut haben, und dann haben sie hier ganz
schön viel nachgebaut, aber was eigenes können sie nicht
vorweisen. Neulich sind wir kilometerweit zu einer „Old historic
town" gepilgert und was war? Eine einzige Straße mit ein paar
Häusern, wie man sie bei uns aus jedem besseren Wildwest-
film kennt! Aber die Einkaufszentren sind große Klasse hier!
Ist vielleicht deren Kultur, weiß man's?
Gut Holz!
Dietmar

*Schließlich und endlich taucht in manchen Karten die Frage
auf, ob Kultur überhaupt notwendig ist. Genau genommen
taucht diese Frage eigentlich weniger auf, als dass sie für den
Kartenschreiber bereits definitiv beantwortet ist!*

Liebe Häuslers!
Man kann nur den Kopf schütteln über die Dummheit der
Menschen! Wir waren heute in der Schatzkammer von August
dem Starken. Ich hab' das mal kurz überschlagen: Wenn man
dessen ganzen Klunker verscheuern würde, wären wir in ganz
Deutschland unsere Schulden los, wir brauchten keine Steu-
ern mehr zahlen und könnten Regierungsprogramme aufle-
gen, mit denen man samt und sonders alle Arbeitslosen von
der Straße holen könnte. Aber „Kultur" ist natürlicher wichtiger,
als das Wohlergehen des Kleinen Mannes, was für ein
Quatsch!
Schöne Grüße aus Dresden
Familie W. Gengerich

Hallo Ina!
Heute auf der Stadtrundfahrt hat man uns ganz stolz das neue Opernhaus gezeigt! Als ich gehört hab' was das gekostet hat, bin ich fast vom Glauben abgefallen! Für das Geld könnte man hier locker alle Opernfreaks kreuz und quer durch Deutschland karren, da könnten die ihre Opern gucken, bis ihnen schlecht wird! Ich verstehe sowas einfach nicht! Wenn ich Kultur haben will, muss ich mir meinen Fernseher auch alleine kaufen! Da stimmt doch was nicht bei uns in Deutschland!
Sonst alles klar?
Ringo

Liebe Schwester, lieber Schwager!
Wir kommen gerade von einer Führung durch eine „beispielhafte Künstlerkolonie" zurück. Ich frage mich nun wirklich, ob das denn wohl sein muss. In Wirklichkeit sind das doch nur arbeitsscheue Elemente, die Staatsknete kassieren wollen! Ihr müsstet euch die „Kunstwerke" mal ansehen! Ich kann dir sagen, lieber Richard, wenn meine Schwester so aussehen würde, wie die hier „malen", wärst du damals schreiend aus der Kirche gelaufen! Bleib mir doch weg mit solcher Kunst! Die haben Glück, dass ich hier nichts zu sagen habe!
In tiefer Empörung
Phillip-Emmanuel

Besserwisser
Frau
Susanne Schmidt
Riegelstr. 5
4431 Rheine

Besserwisser sind Menschen, die eigentlich gar nichts, wenig und das meist auch noch falsch wissen. Da ihre Belehrungs-opfer meist die dargebotenen Kenntnisse unzureichend würdi-gen, muss wenigstens den Lieben zu Hause mitgeteilt werden, wie man es den Ignoranten mal wieder gezeigt hat.

Liebe Suse!
Mein Gott sind die Leute dämlich hier! Da will mir doch so ein „Doktor" weismachen, es wär' gefährlich, wenn ich 10 Stunden am Tag in der Sonne liege! Dem hab ich vielleicht klar ge-macht, dass meine Methode, mich abwechselnd mit Salzwas-ser und Olivenöl einzureiben, todsicher und völlig gefahrlos ist! Wovon sind schließlich die Einheimischen so braun und ge-sund? Weil die das auch machen! Knackig braune Urlaubs-grüße
 Deine Meta

Liebe Mutter!
Ich habe es hier nur mit Dummen zu tun! Jedes Kind weiß doch, dass Salz Wasser bindet und dick macht. Aber das kann ich hier erzählen, wie ein Prediger in der Wüste (das passt ja sogar, ha, ha!) Es hilft nichts: Die Leute streuen sich munter weiter dieses Gift ins Essen und manche nehmen sogar noch zusätzlich Salztabletten! Aber gegen Dummheit ist einfach kein Kraut gewachsen!
Liebe Grüße
Dein dich liebender Roland
Hallo Phi!

Hab' ich gestern lachen müssen! Sagt doch son Superhirni zu mir: Sie sollten besser keinen Alkohol trinken, wenn sie ihren Wagen dabei haben, hier ist Null Promille! Hab ich ihm erstmal verklickert, dass ich hinterher immer drei Gewürznelken kaue und mir dann kein Tschako den Sprit nachweisen kann, wenn er mich anhält! Der hat vielleicht geguckt! Wollte er nicht mal glauben! Selbst schuld, soll er man weiter seine Plörre trinken! Sonst alles klar! Vic

Besonders beliebt sind Besserwisser natürlich bei den Mitarbeitern der Tourismusindustrie. Dabei spielt es eigentlich keine Rolle, in welchen Bereichen sie tätig sind, guten Rat kann schließlich jeder brauchen.

Hallo Benni!
Heute hab ich dem Hotelmanager erst mal klar gemacht, wo das in Zukunft lang gehn muss! Mit sein abendliches Flamenco kann er nämlich einpacken und seine Bude bald zumachen. Stimmung muss her, Rambazamba und Trallafitti im Puff! Wie aufn Ballermann! Aber die Türken kapieren das einfach nicht! Muss erst einer wie ich kommen, damit die wissen, was Sache is, ehrlich!
Bis bald inne Eckkneipe!
Egon

Tach Paule!
Also unsern Reiseleiter hab ich jetzt ersma Bescheid gestoßen, wohin er sich seinen sanften Turismus stecken kann! Is doch wahr! So können die hier doch auf keinen grünen Zweig kommen! Die sollen sich ma Heiligenhafen angucken oder so, da sehen se dann, wie man jedes Fitzelchen von Quadratmeter ausnützen muss, um Kohle zu machen. Weiße wat der gesacht hat? Wir wollen hier eben keine „Ferienvollzugsanstalten". Son Blödmann!
Immer noch knatschig!
Eddy

Hallo Stammtisch „Einer bleibt immer"!
Den Ersten hab ich schon geschafft! Hab' ich dem Kellner klipp und klar gesagt: Wenn ihr hier schon Sozialismus macht und alles gleich sein soll, braucht ihr auch kein Trinkgeld! Der hat vielleicht geglotzt! Aber is doch wahr! Uns Kapitalisten wollen die ins Land locken, unser Geld wollense haben, aber dann weiter auf Sozialismus machen! Bitte, hab ich ja nix gegen! Aber dann muss sich keiner wundern, wenn ich mich anpass!
Mit dreifachem „Hau rein!"
Putti

Als ausgesprochen gesellig müssen Besserwisser gelten, die ihre Kenntnisse beim abendlichen Umtrunk verbreiten und damit eigentlich eine Diskussion herausfordern wollen. Nicht darauf einlassen, das hemmt den Schreibfluss für Grüße in die Heimat!

Hallo, meine Lieben!
Ich will mich ja nicht selbst loben, aber ich habe doch den Eindruck, dass ich hier mit meinen Argumenten meist oben liege. Als ich neulich mit ein paar anderen in der Bar saß und die Frage aufwarf, warum in Deutschland alle Asylanten mit einem dicken Mercedes rumfahren, kam mir doch wieder einer mit Ausländerfeindlichkeit! Hab ich ihm klar gemacht, wenn ich ausländerfeindlich wär, wär ich schließlich nicht hier im Ausland! Sagt er nichts mehr!
Gruß
Euer Thomas

He Pulle!
Kannst du dir vorstellen, dass ich gestern mit son Hirni anner
Theke saß der mir erzählen wollte, Borussia Dortmund würd
Deutscher Meister? Dem hab ichs aber geblasen! Borussia
Dortmund!!! Ich werd nicht mehr!!! Hab ich ihm klar gemacht,
das wir die inner Telefonzelle schwindlig spielen! Die können
bei uns vielleicht als Balljungs mitmachen! Sonne Pfeife!
Bayern! Bayern! Bayern!!!
Töle

Lieber Guntram!
Hier im Urlaub ist es sehr angenehm, abends sitzen wir immer
in einer gemütlichen Runde zusammen. Auch hier mache ich
aus meiner Überzeugung keinen Hehl, dass diese langhaari-
gen Drogensüchtigen alle eingesperrt gehören. Wer Drogen
nimmt, schädigt nicht nur sich selbst sondern die gesamte
Volksgesundheit, jawoll! Es ist übrigens doch ganz gut, dass
ich nur Halbpension gebucht habe, denn es dauert hier meist
bis in den Nachmittag, bis der dicke Kopp vom Vorabend weg
ist!
Macht nichts
Adalbert

*Am vergnüglichsten sind die wirklich dummen Besserwisser.
Leider sind sie die Ringeltauben unter den Urlaubern, trifft
man wirklich mal einen, sollte man ihn unbedingt pflegen.*

Liebe Uschi!
Stell' dir vor, gestern erzählte uns doch die Frau von der
Nachbarliege tatsächlich, dass ihr Mann Numismatiker ist!
Also ich konnt' mich nicht zurückhalten und hab' ihr klar ge-
macht, dass es verdammt leichtsinnig ist, in so eine heiße
Gegend zu fahren, wenn man sowieso schon keine Luft kriegt!
Hat sie mich lange und nachdenklich angesehen. Auf jeden
Fall habe ich mal die Adresse von Prof. Schwickering gegeben
und ihr gesagt, dass der eine wirkliche Konifere ist!
Küsschen
Deine Milli

Sehr geehrter Herr Trestrel!
Leider mag mir auch hier keiner so recht zuhören. Immer
wenn ich darauf hinweise, dass unsere Regierung seit Jahren
unser Trinkwasser und unsere Lebensmittel systematisch
vergiftet, weil sie von fremden Mächten gesteuert wird, winken
die Leute ab oder lachen mich aus!
Ich bin froh, wenn wir wieder zusammen sind, denn Sie nehmen mich wenigsten noch ernst!
Mit freundlichsten Grüßen
Ihr Ernst von Schmalenbach

Hallo!
Ich glaube, hier bin ich unter Dummen gelandet. Gestern be-
haupteten doch alle, dass schon Menschen auf dem Mond
gewesen wären. Die wollten mich wahrscheinlich für dumm
verkaufen, aber ich weiß natürlich, dass es auf dem Mond gar
keine Luft gibt, die wären ja alle da tot umgefallen! Und wie
sollten die dahingekommen sein? Mit dem Auto, das fehlte
gerade noch!
Aber sonst ist es ganz nett hier!
Ihre Mitbewohnerin Gudrun Pilawske

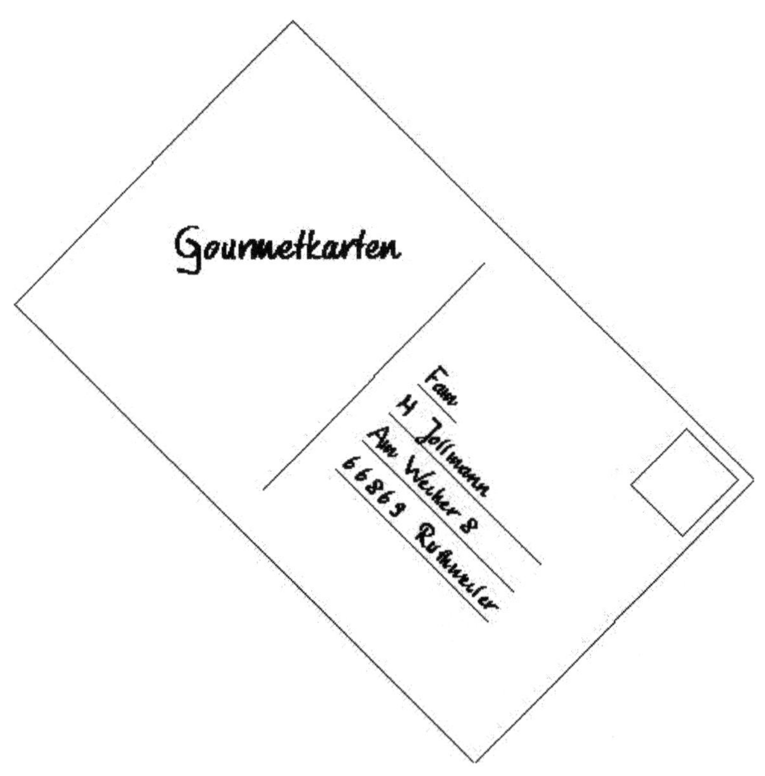

Gourmetkarten
Fam.
H Jollmann
Am Weiher 8
66869 Ruthweiler

Essen macht einen wesentlichen Bestandteil des Urlaubs aus und die Verbreitung der kulinarischen Erlebnisse einen wesentlichen Teil der Urlaubskarten. Gleichzeitig bezeugen Bekenntnisse solcher Art auch immer wieder, wie sinnlos es ist, über Geschmack zu streiten.

Sehr geehrter Herr Dr. Müller-Bahrenfels!
Ich bedaure bei jedem hiesigen Urlaubsmahl, dass Sie hier nicht das Brot mit uns brechen können, Sie wären begeistert! Heute zum Beispiel wurden uns Kleine Variationen vom Loup de mere serviert, begleitet von Taubenbrüstchen an Brennesselschaum die von einem Feigen-Haselnuß-Soufflee genial ergänzt wurden. Superb, sage ich Ihnen, superb!
Grüßen Sie die anderen Mitglieder unseres Vereins zur Rettung des köstlichen Mahls!
Peter Grundmann

Hallo Kollegen!
Kann ja sein, dass die Einheimischen hier bisschen zurück sind, aber kochen können se! Gibt zwar meistens Fisch und is auch verdammt scharf, aber ich mag ja scharf! Gut, wer mehr auf Fleisch steht, hat hier die Arschkarte, aber unsereins kriegt ja zu Hause so selten Fisch, dass er hier in ein richtigen Schlemmerparadies ist. Schade eigentlich, dass ich euch davon nichts mitbringen kann.
Frohes Schaffen wünsche ich euch!
Euer Betriebsratsvorsitzender

Hey Mom,. hey Dad!
Hier isses echt gut! An jeder Ecke McDoof, überall auf der Insel Pizza und im Hotel gibt's meistens Spaghetti. Ich hatte ja ernsthaft Sorge hier gäb's nur son Edelfraß, aber so kann man das wirklich gut aushalten. Mehr als Mampfe reinbaggern kann man hier sowieso nich, sonst stirbt man vor Langeweile. Ich hör jetzt auf, weil wir wieder ein paar Bigmäcs reinschmeißen wollen! Marcel

Was für's Essen gilt, gilt natürlich auch fürs Trinken, bei dem sich stets der Kenner zeigt, der eben Kultur besitzt oder eben auch nicht. Grundsätzlich gilt auch für solche Karten: Schreibe mir, was du trinkst und ich sage dir, ob ich noch jemals mit dir wieder ausgehe.

Lieber Roland!
Nicht nur, dass ich hier in einem Feinschmeckerparadies Urlaub mache, auch das, was der Somelier zu bieten hat, goutiert meinem Gaumen! Gestern servierte man mir eine herrlich vorwitzige Scheurebe mit einem ungeheuer liebevollen Abgang und heute habe ich einen Ruländer probiert, der eigentlich sehr gravitätisch daherkam, dann aber ungeheuer lümmelig durch die Kehle rann! Ich freue mich schon auf das nächste Erlebnis!
Mit weinkennerischem Gruß
Arnulf

Hi Ette!
Man gut dass ich hierhergefahren bin! Hier gibbet sogar Dortmunder! Und auch sonst allet, watt man wirklich gut trinken kann! Eine Kneipe hat sogar 54 Biersorten! 54!!! Is doch Klasse, auch wenn man die ja nie alle durchkricht. Ich bleib sowieso bei meine Sorte, da krich ich wenigsten keinen dicken Kopp von! Aber reizen täten mich die 54 schon – ma kucken, vielleicht am letzen Tach!
Gruß, Wolli

Hi,
ich habe hier den ultimativen Laden gefunden! 143 Arten von Kräutertees kann man hier kriegen und ganz viele sind auch garantiert aus der Dritten Welt und fair gehandelt (deswegen leider auch verdammt teuer). Aber das macht nichts weil man sich megagut fühlt, wenn man so korrekt trinken kann. Ich bringe euch auch ganz viel mit! Gruß an alle in der WG, Putte

Der Unterschied zwischen dem Gourmet und dem Gourmand ist nicht nur sprachlich gering. Da es aber ein weit verbreiteter Irrtum ist, dass die Verpflegung umso besser ist, je mehr sich der Tisch bricht, müssen auch Vertreter der Viel-und- billig-Kategorie mit den entsprechenden Karten bedacht werden.

Liebe Frau Salinski!
Nachbarschaftliche Grüße aus unserem Urlaub! Wir haben es hier gut getroffen! Sie können sich kaum vorstellen wie gut hier das Essen ist! Die Schnitzel passen bald nicht auf den Teller!
Gestern hatte mein Mann Steak und er hat es nicht aufge-kriegt! Und Sie wissen ja, was Hubert so alles verdrücken kann! Wenn wir zurückkommen, sind wir alle rund und fett! Ja, so lässt sich leben!
Ihre Frau Pierin und Gatte!

Herbert, altes Haus!
Ich kann dir sagen so ein All-inclusive Urlaub hat es verdammt in sich. Du kriegst nämlich den ganzen Tag auch alle Geträn-ke umsonst! Auch die alkoholischen! Das ist ganz schön blöd! Wenn du nämlich beim Frühstück schon mit Sekt anfängst, dann mit Cognac weitermachst und zum Mittagessen wieder Rotwein kriegst, bist du schon ganz schön fertig. Aber bezahlt ist bezahlt! Da muss man dann durch, auch wenn der Urlaub noch so hart ist!
Promillehaltige Grüße!
Kurt-Erich

Da muss man dann durch, auch wenn der Urlaub noch so hart ist!

Hallo Ilse!
Nun sind wir schon vier Tage hier und machen kaum was anderes als Fressen! Wenn man beim Frühstücksbuffet nur die Hälfte probiert, ist man schon so satt, dass man nicht mehr papp sagen kann. Mittags die drei Gänge, da muss man sich schon zusammenreißen, dass man alles aufkriegt. Beim Abendessen hat man eigentlich schon keine Lust mehr, aber damit sich Vollpension rechnet, muss man mindestens dreimal zum Bufett gehen. Am Strand waren wir noch gar nicht, weil wir uns nach jedem Essen erst hinlegen müssen und dann gibt es schon wieder was!
Satte Grüße
Dein Rudi

*Natürlich gibt es Zeitgenossen, denen es in fremden Ländern oft nicht schmeckt, ob sich die Küche
nun Mühe gibt, sich deutschen Gewohnheiten anzupassen oder nicht. Gut, dass die dann wenigstens ihrem Ärger per Ansichtskarte so richtig Luft machen können!*

Lieber Hans-Jürgen!
Bangkok ist ja ganz schön, das Wetter ist auch ganz ordentlich, aber das Essen! Grausam! Schon zwei Tage hier, und nicht ein einziges Mal Kartoffeln! Reis, Reis, Scheiß! Ha, ha, das reimt sich! Womit hab ich das verdient? Hilde sagt, das ist eben die Landesküche, aber mach ich hier Urlaub oder bin ich Völkerkundler? Es ist schließlich mein Geld, was ich hier ausgebe!
Trotzdem schöne Grüße
Willi

Liebe Familie!

Herzliche Grüße aus fernen Landen! Hier ist es ja ganz schön, aber die Küche enttäuscht mich doch. Wenn es schon „Deutsch" sein soll – muss dann das Wiener Schnitzel in einer Soße schwimmen? Und ist Grünkohl mit Mettwurst bei 35 Grad im Schatten wirklich normal? Das Sauerkraut geht ja noch, aber mit dem Kartoffelpüree sollte man besser Häuser oder Mauern hochziehen! Ich bin froh, wenn es zu Hause wieder was Anständiges gibt!

Euer Vater

Hi, alle!
Hier ist der reinste Horror, die sind küchenmäßig alle hinter
dem Mond! Weder kennen sie hier rechtsgedrehten Joghurt,
noch haben sie hier einwandfreies biologisches Getreide, von
Bio-Eiern ganz zu schweigen! Ein Reformhaus sucht man hier
völlig vergebens! Ich habe schon vier Kilo abgenommen, weil
ich mich weigere, dieses ganze vergiftete Zeug zu fressen,
Club hin oder her! Verklagen sollte man die Saubande!
Mit ausgehungerten Grüßen
Eure Sabrina

Meckerkarten
Frau
Elisabeth Pilwe
Mozartstr. 3
55758 Hottenbach
Deutschland

Meckern ist für viele Urlauber unverzichtbar Bestandteil ihres Urlaubs. Egal, wo sie auch hinkommen, es gibt nichts, was ihnen tatsächlich gefällt, und es gibt vieles über das sie sich aufregen, beschweren oder die Mäuler zerreißen. Damit sie wenigstens in den schönsten Wochen des Jahres nicht platzen, packen manche ihren Unmut auf die Urlaubskarte.

Liebe Lissy!
Es ist ganz furchtbar hier in Portugal. Alles ist so unordentlich. Am Strand liegen lauter Muscheln herum oder irgendwelches ausgetrocknete Seegetier oder andere Meergewächse. Glaub nur ja nicht, dass irgendjemand das nachts mal wegräumt. Sie sind eben nicht so ordentlich, die Portugiesen. Wenn man sich darüber bei der Hotelrezeption beschwert, zucken sie nur mit den Achseln und sagen: "Natur, Natur...". Nein, bin ich froh, wenn ich wieder in unserem sauberen Deutschland bin.
Viele liebe Grüße
Deine Putti

Hallo, ihr Lieben!
Es könnte hier in Spanien wirklich so schön sein, wenn es nicht immer so furchtbar nach Knoblauch und Olivenöl stänke. Unser Reiseleiter sagt, dass sei eben die heimische Küche, und da könnte man nichts machen. Also ich finde, ein bisschen könnte man sich schon auf uns Touristen einstellen, wir bringen schließlich das Geld hierhin. Aber so ist das eben - hier liebt man wohl unser Geld, aber nicht uns. Das nächste Mal fahre ich woanders hin, dann können sie sehen, woher sie ihr Geld bekommen.
Trotz allem viele Grüße! Eure Kiki

Liebe Frau,
sei froh, dass du zu Hause geblieben bist, und dich hier auf
dieser gottverlassenen Karibikinsel nicht herumärgern musst!
Vollpension! Dass ich nicht lache! Jede Flasche Wein und
jeder Schnaps muss hier extra bezahlt werden! Der Hotel Ma-
nager sagt, ich hätte nicht all inklusive gebucht. Na, denen
werde ich aber einen geharnischten Brief schreiben, wenn ich
wieder zu Hause bin, da kannst du mich für ansehen.
Ich grüße dich.
Dein treuer Ehegatte

*Für viele Menschen gehört das Meckern und die Beschwerde
zum Urlaub wie der Flug und das Strandleben. Wenn sie im
Urlaub nichts finden, was zu ernstem Tadel Anlass gibt, sind
sie so todunglücklich, dass ihnen die gesamten Ferien versaut
sind. Gut, dass wir wenigstens über die Urlaubspost an ihrem
Glück teilhaben können.*

Hallo Charlotte!
Ha, denen im Hotel habe ich es aber mal wieder gezeigt! Da
wollten die mich doch tatsächlich im zweiten Stock unterbrin-
gen! Da hättest du mich einmal sehen sollen! Der Hotelmanager war so klein mit Hut und Teppich, als ich mit ihm fertig
war. Gezittert hat der nur so, das kannst du mir glauben! Ich
wohne jetzt zwar immer noch im zweiten Stock, aber alle haben sich vielmals bei mir entschuldigt. Man muss den Leuten
eben zeigen, wo es lang geht, sonst machen sie mit einem,
was sie wollen!
Viele Liebe Grüße
Dein Charly

Liebe Frau Berger!
Viele nachbarschaftliche Grüße aus Gran Canaria. Mein Mann
und ich sind hell begeistert! Wir haben schon mindestens vier
Sachen gefunden, für die wir Reisekostenrückerstattung ver-
langen können! Mein Mann hat auch schon alles fotografiert
und alles bei der örtlichen Reiseleitung schriftlich niedergelegt,
sonst haben wir später vor Gericht keine Chance. Insgesamt
sind wir aber so fündig geworden, dass mindestens 30 bis 35
Prozent Minderung drin sein müssten. Wir freuen uns schon
auf die Gesichter im Reisebüro.
Nochmals viele Grüße
Herr und Frau Knillig

Sehr geehrte Damen und Herren!
Was habt ihr vom Sozialamt euch eigentlich gedacht, als ihr
uns in die Feriensiedlung am Plattensee geschickt habt? Ihr
denkt wohl, bloß weil wir das nicht bezahlen müssen, darf
alles auch schön billig sein? Zum Mittagessen gab es höchstens zwei Gänge (Suppe und Fleisch mit Kartoffeln und Ge-
müse) und abends gibt es meistens sogar nur Schnittchen.
Tischwein ist gar nicht, nicht mal am Sonntag. Wir sind sofort
unter Protest wieder abgereist, da könnt ihr andere Dumme
hinschicken!
Hochachtungsvoll
Herr P. Sachler

*Vielen Zeitgenossen, die nichts lieber tun, als ihrem Ärger auf
Urlaubskarten freien Lauf zu lassen, gefällt es dummerweise
an ihrem Urlaubsort ganz gut. Auch diese brauchen nicht zu
verzweifeln, können sie sich doch immer noch über ihre Mitreisenden beschweren und brauchen so auf ihrer Meckerkarten nicht zu verzichten.*

Hallo Kinder!

Könnt ihr froh sein, dass ihr schon so groß seid, dass ihr nicht mehr mit uns in Urlaub fahren müsst. Eigentlich ist es hier ja ganz schön, aber Mama benimmt sich wieder ganz furchtbar. Morgens kann ich nie ins Bad, zum Mittagessen kommen wir immer zu spät, abends rechnet sie mir jedes Bier vor und anstatt auszugehen, hockt sie lieber vor dem Fernsehschirm, weil wir zuhause kein Kabel und kein Satellit haben. Ihr glaubt gar nicht, wie froh ich bin wenn es endlich wieder heim geht. Ich hab so die Nase voll!

Trotzdem viele Grüße!

Papa

Lieber Tristan!
Mein Gott, könnte das hier schön sein! Wenn nur die Prolls nicht wären! Ich kann diese Bierbäuche in ihren bunten Unterhemden bald nicht mehr sehen! Und wenn du sehen würdest, wie die sich beim Buffet die Teller voll laden, würde dir auch ganz schlecht werden. Und dann erst die Gesprächsthemen: Wer hat das heißeste Auto - wer kennt die geilsten Weiber - wer kann am meisten saufen? Und das ist dann auch am Abend angesagt: saufen und gröhlen und gröhlen und saufen. Nein, wie mir dieses Volk auf die Nerven geht! Da lob' ich mir doch meinen Thomas Mann abends in Ruhe am Kamin.
Mit frustrierten Grüßen
Dein Anjo

Hey Ette!
Hier is eigentlich töfte Urlaub angesagt, wenn bloß die feinen Pinkels nicht wären. Beschwert sich doch einer, dass ich mit mein bestes Unterhemd beim Abendessen sitz! Und ein son Aaschloch sacht zu mir als ich vom Büfett komm: Hamse Angst, dat dat morgen nix mehr gibt? Soon Hals krich bei diese Besserwessis! Scheiße is auch: Kaum Weiber zum Flachlegen, blos Zicken, aber als ich neulich ein paar Jungs mein aufgemotzten Ascona gezeicht hab, hamse glatt Tränen inne Augen gekricht. Aber wenne die Nacht durchhalten wills, musse Cuba libre trinken, dat Bier kannse hier nich saufen!
Aber sons is nich schlecht!
Tiger

Natürlich kann es auch ganz dick kommen: Der Urlaub gefällt rundum. Die Gegend ist großartig, der Service lässt nichts zu wünschen übrig und auch das Wetter spielt mit. Kein Grund zum Verzweifeln - der geübte Meckerer findet Grund genug, sich auch darüber zu beklagen, dass alles so gut ist: gelernt ist eben gelernt.

Hallo Freunde!
Jetzt sind wir also in diesem berühmten Sonnenscheinstaat.
Also ich muss zugeben, die Sonne scheint hier tatsächlich den
ganzen Tag. Das kann aber auch ganz schön langweilig sein.
Gut wir sind extra hierher geflogen, um dem Mistwetter bei
uns zu entkommen, aber wenn man jeden Abend schon weiß,
welches Wetter einen am nächsten Morgen erwartet, ist das
auch nicht so furchtbar aufregend. Nicht, dass ich mich beklagen möchte, das ist so schon in Ordnung, aber man wird ja
auch wohl etwas Kritik anmerken dürfen.
Beste Grüße
Klaus Dieter

Liebe Tante Maria!
Hier an unserem Urlaubsort in Spanien sind sie jetzt ganz
raffiniert. Sie machen hier auf ganz sauber und ganz freundlich, damit wir uns nicht beschweren können. Wirklich: nir-
gendwo auch nur ein bisschen Schmutz! Aber Heinz und ich
lassen uns natürlich nicht täuschen, wir wissen ja, wie die
Verhältnisse in Spanien wirklich sind: einfach furchtbar! Da
kann so ein bisschen sauber machen und freundlich sein auch
nicht helfen. Man muss einfach Abstriche machen, wenn man
ins Ausland fährt. Eigentlich ist es ja unverschämt, die Wirklichkeit durch so ein Verhalten wie hier zu vertuschen. Aber so
sind sie eben!
Viele liebe Grüße
Heinz und Irmi

Hallo ihr daheim gebliebenen!
Es ist doch einfach unverschämt: da verlässt man sich darauf,
was im Katalog steht, und dann stimmt das auch noch alles!
Tatsächlich ist es hier völlig ruhig. Das hätte doch nicht sein
müssen! Sonst kann man sich ja auch nicht auf die Prospekte
verlassen. Aber das ist wieder typisch für unser Pech: Wenn
man sich darauf verlässt, dass etwas nicht stimmt, dann
stimmt es doch. Und wir können uns nicht einmal darüber
beklagen, oder den Reiseveranstalter vor Gericht zerren, weil
die Reiseleiter hier immer nur auf ihren Katalog verweisen.
Das ist doch zum Schwarz ärgern! Nie wieder fahre ich mit
dieser Gesellschaft!
Bis (hoffentlich) bald!
Eure Titi

Kindermund
Frau
Renate Holskowski
Ruhrstr. 47
44869 Bochum

Eltern sollten im Urlaub nachdrücklichst darauf achten, dass ihre Kleinen nicht etwa unzensiert Ansichtskarten vor allem an Verwandte abschicken. Besondere Achtung ist geboten, wenn es sich um Verwandte handelt, die zwar wichtig, aber unbeliebt sind.

Liebe Tante Ilse!
Ich weiß eigentlich gar nicht, warum genau ich diese Karte schreibe, aber Mama und Papa haben gesagt, wenn keiner der alten Schachtel schreibt, gucken wir alle in die Röhre, wenn sie die Löffel abgegeben hat. Weil Papa und Mama sich dann fürchterlich laut gestritten haben, wer denn jetzt diese verdammte Karte schreiben muss, habe ich gesagt, dass ich die Karte schon schreibe, damit endlich Ruhe ist. Wenn du also irgendwelche Löffel abgeben willst, kannst du das ruhig tun und meinetwegen kannst du auch die Karte in eine Schachtel tun. In die Röhre gucken wir heute Abend sowieso wie jeden Abend, heute Abend ist glaube ich Tatort. Das ist gar nicht so schlecht.
Viele Liebe Grüße
Heike und alle!

Lieber Onkel Günther!
Heute beim Frühstück haben wir ausgelost, wer die Ansichtskarte an dich schreiben soll und ich habe leider verloren. Eigentlich weiß ich nicht einmal, was ich schreiben soll, weil immer wenn ich einen Vorschlag gemacht habe, hat Papa geknurrt, dass das den alten Sack verdammt nochmal nichts angeht und er sowieso nicht lesen kann, weil er seine Brille nie findet und dann blind wie ein Uhu ist. Wenn du die Brille doch findest, will ich dir jetzt aber viele liebe Urlaubsgrüße wünschen oder so.
Dein Neffe Uwe

Liebe Oma!
Ich schreibe dir jetzt einfach mal, weil hier sonst nichts los ist.
Jedesmal wenn ich sage, dass es hier langweilig ist, brüllt
Papa los ich soll nicht so egoistisch sein und an ihn und Mama
denken, die froh sind, endlich mal ein paar Tage von dem
alten Drachen wegzukommen und wenn er nicht bald abnip-
pelt, will er ihn mit einem nassen Waschlappen totschlagen.
Und beim nächsten Haus nähm er lieber einen Kredithai, das
wär immer noch besser. Und deswegen muss ich mich hier
langweilen.
Deine Theres

*Eine weitere Gefahr von unzensierten Karten des meist eige-
nen Nachwuchses liegt in dem alten Sprichwort „Kindermund
tut Wahrheit kund" begründet. Auch wenn es sich nur um verschiedene Interpretationen der gleichen Erlebnisse handelt,
bergen solche Karten doch einen gewissen Zündstoff bei der
Rückkehr.*

Lieber Opa!
Hier im Urlaub ist nur Stress! Mama brüllt Papa jeden Morgen
an, dass sie genug hat von der ewigen Sauferei am Abend,
Papa brüllt Biene an, dass seine eigene Tochter sich wie eine
Hure am Strand anbietet und Biene brüllt mich an, dass sie
mir das Eis schließlich dafür bezahlt, dass ich ihr rechtzeitig
sage, wenn Mama und Papa am Strand auftauchen. Bloß ich
hab wieder keinen zum Anbrüllen. Ich bin froh, wenn wir wieder zu Hause sind.
Viele liebe Grüße
Dein Goldstück

Hi Tante P!
Bei uns war heute vielleicht was los! Papa hat furchtbar Terz
gemacht und mit Mama gezankt, weil sie dem Kellner in der
Trattoria schöne Augen macht, und Mama hat zurückgekeift,
ob Papa meint sie säh' das nicht, wenn er jedesmal versuchte
den Bauch einzuziehen, wenn bloß irgendson Flittchen an-
käm. Dann hat Papa geschrien, ein Mann ohne Bauch wär ein
Krüppel und Mama hat geheult, ein Krüppel wär er seit langem
schon woanders. Da hat Papa dann die Tür geknallt und ist
abgehauen. Aber der kommt immer wieder!
Schöne Urlaubsgrüße
Mariele

Liebe Omi!
Hier auf Gran Canaria ist das ganz klasse! Gestern hab' ich
beim Drachensteigen Papa und eine Frau in den Dünen getroffen, die lagen da so komisch und Papa hat gesagt, sie wär
zufällig Krankenschwester und er hätte was verklemmtes was
wehtut und ich brauchte Mama das gar nicht zu sagen, damit
sie sich keine Sorgen macht und abends würd er mir dann in
dem Einkaufszentrum den neuen Gameboy kaufen und das
hat er auch getan. Heute war Papa dann ganz gesund, ich
hab jedenfalls nichts gemerkt!
Herzliche Grüße von Gran Canaria
Dein dich liebender Felix

*Zensur hin – Zensur her. Manchmal ist es doch besser, die
Kartengrüße der kleinen Racker doch nicht zu lesen. Dann
kann man hinterher reinen Gewissens behaupten, so genau
habe man nun wirklich nicht gewusst, was die Kleinen alles
angestellt haben.*

Hallo Olli!!
Puh, da habe ich noch mal Schwein gehabt! Vorgestern war
ich mit zwei Kumpels, die ich hier kennnengelernt hab in so
einem Restaurant, wo draußen die Fische ausgestellt sind.
Irgendwie sind wir dann an so einen Pohl gekommen, jedenfalls waren auf einmal die Fische alle in dem Restaurant und
der Besitzer hat rumgebrüllt und ist ausgerutscht und hat dabei die Vorhänge mitgenommen und dann ist auch schon die
Policia gekommen und wir sind abgehauen. Seitdem hab ich
immer Bauchschmerzen, wenn wir essen gehen wollen und
ess heimlich! VieleGrüße
Nicki

Hey Pulle!
Ich hab' hier gleich am ersten Tag klasse neue Freunde kennengelernt! Erst haben wir uns gekloppt, aber dann durfte ich
mitspielen, wir spielen immer „Ziehen gehen", ich muss dann
immer aufpassen ob jemand guckt und die anderen sammeln
dann Geld und Zigaretten ein und ich krieg auch was ab. Neulich konnte ich sogar meiner Ma was leihen, weil irgendwelche
blöden Assis ihr das Portmone geklaut hatten!
Bis bald mal!
Wolfram

Lieber Pit!
Hier gefällt es mir richtig gut! Mama und Papa und die Eltern
von den anderen liegen den gaznen Tag nur im Liegestuhl
und Evi, Rebecca, Olaf und ich gehen immer Scheiß machen.
Neulich haben wir immer so getan, als ob wir über Luftmatrat-
zen und Badeboote gestolpert sind und dann ganz schnell
überall kleine Löcher gepiekt, ein Boot ist dann ganz weit
draußen abgesoffen, da musste dann sogar der Rettungs-
dienst kommen, das war toll.
Wenn ich wieder zu Hause bin, erzähle ich dir mehr!
Dein Franjo

**Außerdem müssen wir immer in Badehose duschen, weil Jesus
und Maria das so haben wollen**

Hey Alte!
Hier im Lager der Roten Großstadtindianer gefällt es mir gut,
man lernt auch ganz viel. Jetzt weiß ich schon, dass alle Bullen Schweine sind, der Papst ist ein Mörder und ihr seid ange-
passte Kapitalistenknechte. Das macht aber nichts, ich habe
euch trotzdem lieb und ihr könnt das alles wieder gut machen,
wenn ihr euer Geld immer an die Gegner des Faschismus und
so spendet, die Kontonummern bringe ich dann mit!
Rot Front!!
Euer Falko

Hi Mam!
Kannst du mich ganz schnell nach Hause holen? Ich muss
schon wieder Strafkartoffelschälen, weil ich bei dem Lied „Weil
ich Jesu Schäflein bin" immer bäh, bäh gerufen habe. Der
Gruppenleiter in dem schwarzen Anzug sagt dann immer, bei
mir ist das kein Wunder, weil du mich in einer Sünde gefangen
hast oder so und Exkommunistin bist, glaub ich jedenfalls.
Außerdem müssen wir immer in Badehose duschen, weil Jesus und Maria das so haben wollen. Ich will nach Hause!
Bitte!!
Dein Rolfi

Liebe Eltern!
Ob es mir hier im Ferienlager „Deutsche Jugend" wirklich gefällt, weiß ich noch nicht. Morgens müssen wir uns immer um
6 Uhr ganz still an einer Stange aufstellen, an der eine Fahne
hochgezogen wird, das soll irgendwie so ein Morgenapfel
sein. Dann machen wir meistens ein Stadtspiel, das „Straßen-
kampf" heißt, weil wir die sind, die Deutschland irgendwann
von der schwarzen Pest befreien müssen. Das sagt jedenfalls
unser Gruppenführer. Eigentlich würde ich lieber nach Hause
kommen, aber das ist dann irgendwie ein Fahnenfluch!
Mit deutschem Gruß (so heißt das hier!)
Euer Sascha

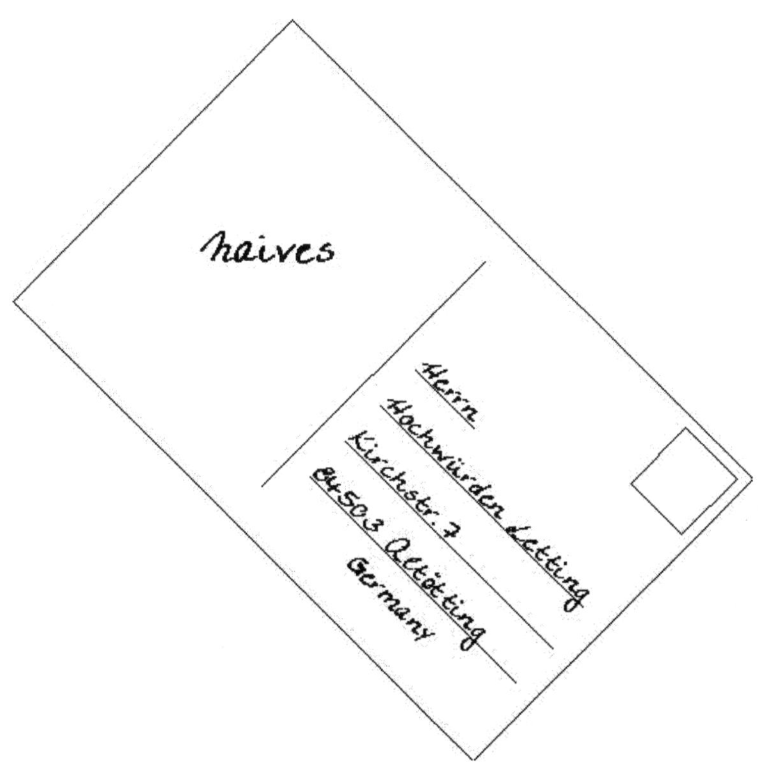
naives
Herrn
Hochwürden Ketting
Kirchstr. 7
84503 Altötting
Germany

Lieber Herr Pfarrer!
Danke, dass Sie mich davon überzeugt haben, meine Reise
ins Heilige Land doch nicht abzusagen. Heute hat uns unser
Fremdenführer die Stelle gezeigt, von der aus unser lieber
Herr Jesus in den Himmel gefahren ist. Da war im Felsen so-
gar noch der Fußabdruck zu sehen! Einen besseren Beweis
für die Wahrheit der Bibel kann es doch nun wirklich nicht
mehr geben!
Mit frömmsten Grüßen
Jochen Wollmann

Liebe Carolin!
Ich bin noch ganz aufgeregt! Ich habe nämlich heute einen
Skarabäus gekauft, den schon Pharao Tuthmosis besessen
hat! Vor über 5000 Jahren! Er war sündhaft teuer, aber der
Araber, der mich hinter die Grabanlagen gewunken hat, hat
bei seiner Mutter geschworen, dass er echt ist. Und wer ein-
mal Karl May gelesen hat, weiß, dass die bei einem solchem
Schwur dann die Wahrheit sagen müssen. Ich darf nur keinem
davon etwas sagen, weil es eigentlich verboten ist! Also Pssst!
Mit stolzen Grüßen
Dein Hannes

Hallo Kinder,
heute waren wir an der Stelle, wo früher einmal Hagen von
Tronje Siegfried den Drachentöter ermordet hat. Das war
vielleicht ein erhebendes Gefühl! Unser Führer hat uns auch
gleich gesagt, dass noch andere Gemeinden behaupten, der
Platz läge bei ihnen, aber das stimmt gar nicht, weil die damit
nur Touristen anlocken wollen. Aber auf solche Bauernfänge-
rei fallen wir natürlich nicht herein!
Viele liebe Grüße, Eure Eltern

*Naivität hat etwas mit glauben zu tun. Und wer glaubt im Ur-
laub nicht gerne an das Gute im Menschen und daran, dass
alle unsere Mitmenschen so altrusitisch sind, dass sie von
morgens bis abends ausschließlich an unser Wohlergehen
denken?*

Meine liebe Emily!
Ich bin zwar noch nicht lange hier, aber es gefällt mir außeror-
dentlich gut! Stell dir vor, auf dem Tisch meines Zimmers lagen schon ganz viele Einladungen für Busausflüge! Ganz für
umsonst, sogar mit Mittagsimbiss! Und ein Vortrag über not-
wendige und gesunde Dinge des Lebens ist auch immer dabei
– auf irgendeiner Finca, auf der man seine Ruhe hätte. Schade dass du nicht mitgefahren bist!
Herzliche Grüße! Deine Agnes

Hi Tönne!
Ich glaube, ich weiß jetzt, wie ich meine Urlaubskasse hier
prima aufbessern kann. Ich hab' hier nämlich zwei Hütchen-
spieler gesehen, die haben es einfach nicht drauf! Klar hab ich
mir erst drei Tage lange die Sache angesehen, hatten die
Blödmänner auch nichts gegen. Und die, die bei dem Spiel
verloren haben, haben tatsächlich immer falsch getippt! Ich
hätte jedesmal richtig gelegen! Heute abend werd ich die ab-
zocken, aber frag nicht nach Sonnenschein! Ciao! Lego

Moin, moin, Hauke!
Ein bisschen hab ich ja ein schlechtes Gewissen, wenn ich
morgen nach Hause fliege! Vor drei Tagen habe ich nämlich
einem Einheimischen aus der Patsche geholfen, der spät-
abends noch seine Tochter bei der Guardia civil auslösen
musste. Wenn der mir nicht seine echte Rolex als Pfand da-
gelassen hätte, hätte ich ihm die 300 Mark natürlich nicht gegeben! Und jetzt fliege ich morgen zurück und der hat seine
Uhr immer noch nicht abgeholt! Aber eigentlich ist er ja selbst
in Schuld, ich muss ihm ja nicht hinterherrennen!
Gruß
Jens

*Keineswegs soll hier der Eindruck entstehen als seien es im-
mer die bösen Menschen am Urlaubsort, die die Naivität der
Urlauber ausnutzten. Die Schlange sitzt oft am eigenen Tisch,
man ist einfach nur zu naiv, um sie zu bemerken!*

Liebe Sonja!
Eigentlich hatte ich mir den Urlaub mit meinem Theo ja etwas
anders vorgestellt, auch wenn ich wusste, dass Theos Sekre-
tärin mitkommt, weil noch ein paar dringende Sachen liegen-
geblieben waren. Jetzt arbeiten die beiden aber fast Tag und
Nacht zusammen, und ich spazier hier immer allein am Strand
lang. Theo sollte ihr wirklich mal frei geben, so eine attraktive
Frau will doch sicher auch mal Herrenbekanntschaften machen!
Gelangweilte Grüße
Angela

Hallo Mutti,
hier habe ich endlich den Mann für das Leben gefunden, für
den ich mich aufgespart habe. Aber Dieter hat mir jeden Tag
aufs neue geschworen, dass ohne mich sein ganzes Leben
sinnlos ist. Ich konnte dir vorher nichts erzählen, weil er beim
Geheimdienst arbeitet und sonst in Lebensgefahr gekommen
wäre, man kennt sowas ja vom Fernsehen. Deswegen habe
ich auch seine richtige Adresse nicht, weil er sich bei mir mel-
det, wenn ich wieder zu Hause bin.
Deine überglückliche Annegret

Grüß Gott, Josef!
Herzliche Grüße aus dem Urlaub! Ich habe hier ein reizendes
Mädel gefunden, die auch voll auf mich abfährt, aber sie hat
immer so ein verdammtes Pech! Immer wenn wir zu Potte
kommen wollen, wird ihre Mutter krank, sie verknackst sich
den Fuß oder ihr Bruder aus Australien kommt überraschend
vorbei. Am nächsten Tag weint sie dann bittere Tränen, weil
aus uns wieder nichts geworden ist und ich muss sie mit einem Geschenk oder einem Abendessen trösten. Aber bald
scheint auch für uns die Sonne!
Mattes

*Gegen eine gewisse Grundnaivität sind natürlich selbst die
Götter machtlos. In solchen Fällen, müssen an irgendeinem
Punkt substantielle Informationen nicht richtig übergekommen
sein. Bei Empfängern solcher Karten kann dies durchaus zu
grauen Haaren führen.*

Lieber Papa!
Gleich mein erster Urlaub alleine hat richtig was abenteuerliches. Ich habe hier nämlich einen flotten Beamten vom BGS in Zivil kennengelernt, der mich gebeten hat, heimlich ein Päckchen mit Fahndungsfotos von korrupten Beamten durch den Zoll zu schmuggeln und das zu Hause am Flughafen einem Kollegen von ihm zu übergeben. Wenn ich erwischt werde, ist das nicht weiter schlimm, dann gibt der Kollege sich natürlich zu erkennen. Ist das nicht toll?
Bis morgen
Deine Steffi

Liebe Eltern!
Die Kosten für meinen Urlaub habe ich inzwischen fast schon wieder raus! Ich habe nämlich für das gleiche Geld, was ich im Reisebüro bezahlt hab', meinen Pass und mein Visum verkauft. Der Käufer hat mir gesagt, dass auch hier auf Cuba der Sozialismus nicht mehr so schlimm wäre und ich brauchte am Flughafen nur zu sagen, ich hätte alles verloren!
Ist doch toll, nicht? Mal sehen, vielleicht bleibe ich sogar noch etwas länger!
Beste Grüße
Euer Tobias

Ihr Lieben!
Diese Karte erreicht euch wahrscheinlich erst, wenn ich schon wieder zu Hause bin, ich fliege nämlich in vier Stunden ab. Vorhin gab es noch etwas Aufregung, weil ich einen unverschuldeten Autounfall hatte (nichts schlimmes), aber die anderen waren sehr nett und haben schon mal meinen Pass, mein Ticket und meine Koffer zum Flughafen gefahren, damit sie für mich einchecken können. Man soll zwar nie einen Koffer aus der Hand geben, aber ein Unfall ist schließlich was anderes, oder? Bis bald! Jürgen

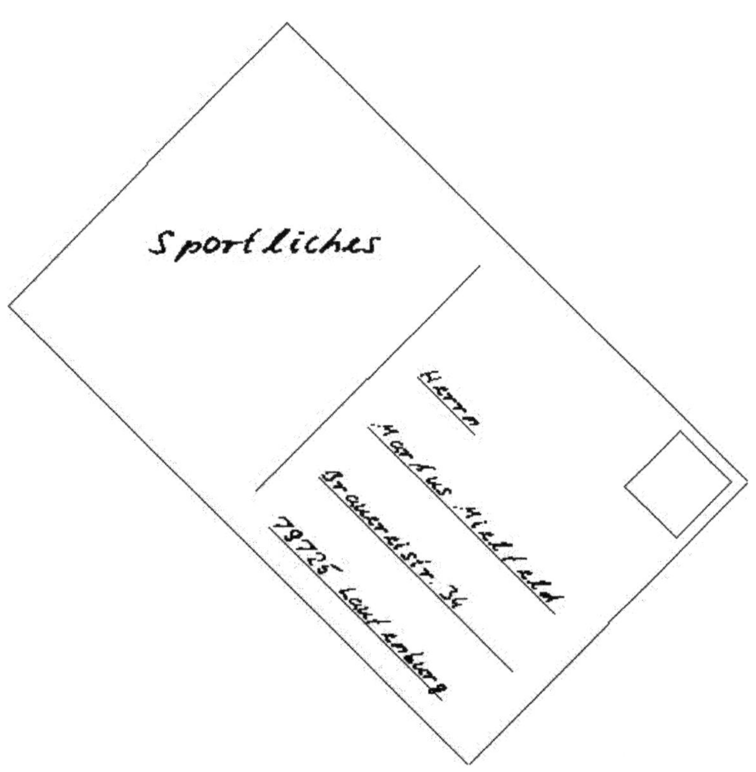
Sportliches
Herrn
Markus Hielfeld
Brauereistr. 34
79725 Laufenburg

Der Urlaub ist die ideale Gelegenheit, endlich mal etwas für Körper und Gesundheit zu tun. Ob und wenn ja was die sportliche Ertüchtigung mit Entspannung zu tun hat, entscheidet am besten der Freizeitsportler selbst und ganz für sich allein.

Hallo Sportsfreunde!
Ha, so ein sportlicher Urlaub ist doch mal was ganz anderes, als diese Abhängerei am Strand! Morgens um 6.00 Uhr geht es los mit Frühgymnastik, da muss ich immer etwas früher aufhören, damit ich die Morgenaerobic nicht verpasse. Frühstück lasse ich meistens ausfallen, denn von 8 - 10 ist „Joggen für jedermann" und anschließend bin ich beim geführten Fitnesstraining, dann schnell einen Müsli-Riegel rein und ab zum Ausdauerschwimmen. Vorm Abendessen dann noch zwei drei Tennismatches und dann mag man eigentlich sowieso nichts mehr essen und fällt sofort ins Bett. Das muss doch einfach gesund sein!
Sportliche Grüße
Euer Rüdiger

Hi Markus!
Herzliche Grüße von meinem supergesunden Urlaub. Gleich am ersten Tag hab ich mit Marathon angefangen, musste aber schon eher aufhören, weil ich noch nicht so ganz fit war, wie ich eigentlich dachte! Schließlich habe ich 30 Jahre keinen Sport mehr gemacht! Aber man muss hart zu sich selbst sein! Jetzt gleich nach dem Frühstück hole ich erst den Rest von gestern nach und am Nachmittag laufe ich dann die ganze Strecke!
Kernige Grüße
Holger

Lieber Addi,
hier ist endlich mal Zug im Urlaub. Morgens wird man mit
zünftiger Marschmusik geweckt und dann heißt es auch schon
bald: Im Frühtau zu Berge, mit volles Gepäck! Auf dem Gipfel
dann ein kameradschaftliches Männerfrühstück und dann im
Laufschritt Marsch! Marsch! den Berg hinunter. Dann kann
man zehn gestählte deutsche Körper unter der Dusche be-
wundern und wer will, kann dann noch ein bisschen Faustball
spielen. Es wollen immer alle!
Sport Heil
Dein Männerfreund Thoralf

*Wir alle wissen, dass sportliche Betätigung im Urlaub gesund
und glücklich macht. Glücklich macht auch schon die Vorbe-
reitung auf die sportliche Betätigung, gerade hier zeigt sich oft,
dass die Vorfreude eben doch die schönste Freude ist.*

Liebste Yvonne!
Hier im Sporthotel ist es einfach super! Ich habe mit dem
Sportprogramm selbst noch nicht so richtig wirklich angefangen, bin aber bald soweit! Jedenfalls habe ich mir schon einen
wahnsinnig schicken Tennisdress gekauft, der mir unheimlich
klasse steht, dazu ein ganz süßes Käppi, wenn mal die Sonne
scheint. In einem Geschäft habe ich auch schon einen ausge-
flippten Pullover gesehen, den kann man ganz nonchalant um
Hals und Schultern knüpfen, sieht unheimlich sexy aus! Ich
kann's kaum erwarten, wie ich dann auf die andern wirke (sind
ein paar ganz schnuckelige dabei!)
Deine Freundin
Sandra

Mein liebes Weib!
Schöne Grüße aus meinem Fitnessurlaub! Ich freu' mich schon richtig darauf, bald mit dem Sportprogramm anfangen zu können! Im Augenblick ist das Wasser zum Schwimmen leider noch etwas zu kalt, und auf der Trimm-Dich-Strecke müssen auch erst einmal die Pfützen wegtrocknen, sonst kann man sich mit seinen nassen Füßen werweißwas holen. Aber langweilig ist es hier trotzdem nicht, bis es soweit ist, spielen wir den ganzen Tag Skat!
Dein sportlicher Gatte
Ewald

Hallo Ihr Couch-Potaoes zu Hause!
Während ihr zu Hause nur faul rumhängt; habe ich mir hier schon mal ein anspruchsvolles Sport- und Fitnessprogramm zusammengestellt. Anfangen konnte ich leider noch nicht, weil der Begrüßungsabend war wohl etwas heftig und dann hatte ich da Leute wiedergetroffen, mit denen war ich mal auf einem Lehrgang und da fühlte ich mich dann am nächsten Morgen noch so nicht recht, und so ist leider öfter mal was dazwischen gekommen! Gut, jetzt am Wochenende macht man sowieso mehr auf gesellig, aber am Montag geht es dann richtig los, kann ich euch sagen!
Frisch, fromm fröhlich, frei!
Euer Stefan

Mancher sportliche Vorsatz, mag er noch so fest sein, wird einfach durch böse, oft sogar medizinische Schicksalschläge durchkreuzt. Böse Zungen pflegen beim Empfang derartiger Urlaubsbotschaften daraufhin nur zu äußern: Sport ist Mord.

Meine liebe Tochter!
Sei man froh, dass du nicht mit in unseren Sporturlaub gefahren bist, weil du für's Examen büffeln musstest! Der Sport hat sich erledigt! Lasse hat sich am ersten Tag den Fuß gebrochen, weil eine Hantel darauf gefallen ist, Mama hat voll einen Volleyball ins Gesicht gekriegt und sagt, so geht sie nicht unter die Leute und ich habe mir am Rudergerät so den Rücken verzogen, dass ich nur noch unter Schmerzen und ganz krumm laufen kann! Nie wieder!!!
Papa

Liebe Mareike!
Eigentlich hatte ich mir das schon etwas anders vorgestellt. Ich hab' auch am ersten Tag gleich das volle Programm mitgemacht und nun kann mich jetzt drei Tage nicht mehr rühren vor lauter Muskelkater! Die sollen man ja nicht glauben, dass ich das noch einmal mitmache!
Da ist mir auch ganz egal, ob ich mein Geld für das Sportprogramm wiederkrieg oder nicht!
Für mich ist Sport gegessen. Ein für allemal!
Deine Juliane

Ihr Lieben!
Eins kann ich euch sagen: Lasst bloß das Scheiß-Bergwandern sein. Klitschenass bin ich geworden, es war arschkalt, dass ich gotterbärmlich gefroren hab und jetzt sitze ich hier mitten im Sommer mit einer Erkältung, dass ich nicht mehr aus den Augen gucken kann. Und meine Pensionswirtin hat auch kein Mitgefühl sondern mosert nur rum, ich hätte nicht im T-Shirt losgehen sollen! Obwohl es 38 Grad waren und kein Wölkchen am Himmel. Aber auf die Österreicher konnte man sich noch nie verlassen!
Total verschnupft
Euer Franjo

133

Mama hat voll einen Volleyball ins Gesicht gekriegt

Es soll nicht verschwiegen werden, dass es auch Zeitgenossen gibt, die wohlvorbereitet ihren Sporturlaub antreten, im Vorfeld sorgfältig trainiert haben, sich vor jedem Einsatz sorgfältig aufwärmen, kurz und gut eben rechte Sportler. Außerhalb ihres Vereins und mit lauter Idioten zusammen werden aber auch diese nicht immer in ihren Sporturlaub glücklich.

Liebe Sportkameraden!
So richtig überzeugt mich der Sporturlaub eigentlich nicht. Gut die ersten drei Tage waren so schlecht nicht und ich habe alle jedesmal mit 6:0 6:0 6:0 vom Platz gefegt, aber gute Sportler, die auch mal eine Niederlage wegstecken können, sind das hier nicht. Jedenfalls sagen sie, sie spielen hier eigentlich zum Spass und nicht aus Leistung. Das ist doch nun wirklich keine Einstellung, mit solchen Ignoranten mag ich dann auch nicht mehr spielen! Aber langweilig ist das dann doch!
Dreimal Ibi Cha!
Euer Hermann (Vorsitzender)

Hallo ihr zu Hause!
So ein Sporturlaub wäre ja ganz schön, wenn nur die Leute nicht so dämlich wären! Drei Kurse mit sportmedizinischem Grundlagenwissen hatte ich in der VHS belegt, aber meint ihr, das interessiert hier jemanden? Ich kann mir hier den Mund fusselig reden, keiner will mitmachen, wenn ich ihm zeigen will, wie man sich auf eine gesunde sportliche Aktivität essensmäßig, schlafmäßig und aufwärmmäßig anständig vorbereitet. Und dann geht es diesen Deppen auch noch die ganze Zeit ausgesprochen gut, anstatt dass sie kaputt flachliegen, wie das theoretisch eigentlich sein müsste!
Ziemlich verärgert, Euer Hotte

Liebe Mutter!
Hier ist es einfach großartig! Zehn Pokale und Medaillen habe
ich schon eingesammelt bei den Sportwettbewerben hier. Wie
gut, dass ich so ausdauernd trainiert habe vorher. Wenn das
so weitergeht, bin ich bestimmt irgendwann mal bei Olympia.
Schade nur, dass hier immer so wenig mitmachen, meist nur
ich, so ein kleiner Dicker und einer, der nun wirklich völlig un-
sportlich ist. Aber ist ja auch nur Vorsaison!
Viele Grüße
Wolfgang, der Sieger

Nousenskarten
Frau
Johanna Klein
Biesendreich
14 377 Grundhof

*Abgesehen davon, dass es schon ein Nonsens ist, überhaupt
Karten aus dem Urlaub zu schreiben, fällt einem bei manchen
Adressaten nun wirklich einfach gar nichts ein. In solchen
Fällen empfiehlt es sich, einfach irgendeinen Blödsinn zu
schreiben, damit die Karte wenigstens voll wird.*

Lieber Heinz!
Hier schreibe ich gerne die fällige Postkarte aus dem Urlaub.
Ich weiß eigentlich gar nicht, was ich schreiben soll, oder ob
dich irgend etwas interessiert. Ich schreibe dir aber trotzdem,
weil eben Urlaub ist, und ich dir aus dem Urlaub immer eine
Karte geschrieben habe. Deshalb kann nicht dir jetzt nicht
plötzlich keine Karte schreiben, weil du dann sicher enttäuscht
ist, oder nicht weißt, warum ich mich aus dem Urlaub nicht
melde. Wenn du also diese Karte bekommst, weißt du Bescheid. Ich höre jetzt auch gleich auf, die Karte an dich zu
schreiben und genieße weiter meinen Urlaub.
Viele Urlaubsgrüße!
Dieter

Hallo Nico!
Herzliche Grüße aus dem Urlaub! Natürlich fällt mir auch jetzt
nicht ein, was ich alles auf diese Karte draufschreiben soll,
aber ich schreibe einfach mal drauf los! So, bis hierhin hätte
ich es schon einmal geschafft! Jetzt brauche ich nur noch
weiterschreiben, und dann habe ich diese Karte bald fertig! Ich
hätte nicht gedacht, dass mir doch noch etwas einfällt, aber
wie du siehst, ist die Karte bald schon voll, und wenn ich noch
viel weiter schreibe habe ich am Ende keinen Platz mehr, die
Karte auch noch zu unterschreiben. Damit das nicht passiert,
höre ich jetzt auf zu schreiben und sende dir einfach viele
Grüße.
Dein Henk

Liebe Hanne!

Ja, das hättest du nicht gedacht, dass du von mir aus dem Urlaub eine Karte bekommst. Aber warum soll ich dich anders als andere behandeln, und dir keine Karte schreiben? Das wäre nicht gerecht, deshalb schreibe ich dir eine Karte, wie ich allen anderen auch immer eine Karte schreibe. Denn bestimmt freust du dich, wenn du von mir eine Karte bekommst. Die anderen freuen sich auch immer, wenn sie eine Karte bekommen, das glaube ich jedenfalls. Ich freue mich jedenfalls immer, wenn ich von anderen eine Karte bekomme, und warum soll das bei anderen anders sein? Ja, ja, Urlaubszeit ist eben auch immer Kartenzeit! Leider ist diese Karte zu klein, als dass ich dir noch mehr mitteilen könnte.
Viele Grüße!
Edith

*Am schlimmsten sind die sogenannten Pflichtkarten. Da man
zu dem Empfänger oft eine eher eigenartige Beziehung hat,
kann man kaum etwas anderes schreiben, als völligen Unsinn.*

Liebe Oma Sonthofen!
Mama hat gesagt, dass ich dir jetzt eine Karte schreiben
muss, sonst kriege ich kein Eis. Weil ich aber unbedingt ein
Eis haben will, schreibe ich dir jetzt diese Karte, obwohl ich
eigentlich gar keine Lust habe, überhaupt was zu schreiben.
Ich kann aber nichts machen, wenn Mama so stur ist. Xander
braucht keine Karte zu schreiben, sagt die Mama, weil er so
klein ist, und noch gar nicht schreiben kann. Das finde ich
ungerecht. Wenn ich noch nicht schreiben könnte, kriegte ich
auch ein Eis ohne diese blöde Karte. Deswegen bin ich ganz
froh, dass ich diese Karte fertig habe, denn jetzt will ich mein
Eis! Mama sagt, ich muss dich auch von ihr grüßen und von
Xander, weil er noch nicht schreiben kann.
Viele liebe Grüße von allen!
Deine Yvonne

Liebe Mutter!
Herzliche Grüße aus unserem Urlaub! Wir sind alle in unserem Urlaubsort angekommen und machen jetzt Urlaub. Weil
ich aber weiß, dass du immer gerne eine Karte bekommst,
mache ich jetzt einmal keinen Urlaub, sondern schreibe dir
diese Karte. Ich weiß noch nicht, wann ich die nächste Karte
schreiben kann, weil wir viel unterwegs sind, also reg dich
nicht auf, wenn es etwas länger dauert, bis du die nächste
Karte bekommst. Es kann sein, dass ich die nächste Karte
erst in einer Woche schreibe, oder auch noch später, ich weiß
es noch nicht. Du hast aber jetzt schon einmal diese Karte,
und da weißt du ja, dass wir gut angekommen sind. Also hab
ein bisschen Geduld, du weißt ja, es ist nicht immer so einfach.
Viele Grüße bis zur nächsten Karte!
Karin, Klaus und die Kinder

Meine liebe Schwiegermutter!
Hilde meint, es täte uns allen gut, wenn ich diesmal die fällige
Urlaubskarte schreibe. Warum auch nicht? Ich habe nichts
dagegen, dir die Karte schreiben und Hilde hat wahrscheinlich
recht. Ich wüsste auch keinen Grund, warum nicht ich diese
Karte schreiben sollte, selbst wenn Hilde diese Karten sonst
immer selbst geschrieben hat. Aber schließlich habe ich in der
Schule auch Schreiben gelernt, ha,ha,ha! Und wenn ich dir
eine besondere Freude damit machen kann, warum eigentlich
nicht? Obwohl es dir eigentlich egal ist, wer die Karte schreibt,
oder nicht? Diese Karte jedenfalls kommt, wie gesagt, von mir
und ich hoffe, du freust dich darüber. So, jetzt habe ich aber
genug geplaudert und muss langsam zu einem Ende kommen. Viele Grüße natürlich auch von Hilde und von mir.
Bis dann!
Paule

*Wenn einem denn gar nichts mehr einfällt, was man seinen
Lieben oder weniger Lieben denn nun schreiben kann, bleibt
einem immer noch die Flucht in das literarische Experiment.
Natürlich muss der Empfänger eine gewisse Sensibilität im
sprachlichen Bereich aufweisen.*

Dies ist eine Urlaubskarte eine Urlaubskarte ist dies ist dies
eine Urlaubskarte Urlaubskarte ist eine dies eine ist dies Urlaubskarte dies Karte Urlaub ist dies eine ein dies ist Karte
Urlaub diese ist diese Karte Urlaub eine diese eine diese die-
se eine eine diese Urlaubskarte Karte diese ein Urlaub ist ist
eine diese die diese wohl ob ist ist ist die diese ist ob diese
Urlaub Karte ist Urlaub ist diese Karte Urlaub ist nur diese
Karte ist ist Urlaub Urlaub oder Karte Karte oder Karte nur
Urlaubskarte oder aber auch nicht Urlaub nicht Karte ist nicht
nicht ist aber doch noch Urlaub Urlaub ist Karte nein oder ja ist
ein ist ja oder Karte oder oder Urlaub was nein.
Philipp Philemon

Liebe und herzliche Grüße aus unserem Urlaub. Libe unt härzliche Krüße auß unseremm Uhrlaub. Libbe unnt härsliche Krüse aiß unnseremm Uhrlab. Lybbe innt härslige Krise eiß unnsäremm Uhrlap. . Lybbä innt chärslige Krisse eis unnsärömm Uhrlapp. Llybbä inntt chärsligge Krissee eiss unnssärömm Uhrllapp. . Llyybbä iinntt chärrsligge Krrissee eeiss unnssärrömm Uuhrllapp. Llyybbää iinntt cchärrssligge Kkrrissee eeiiss uunnssärrömm Uuhhrllapp. Llyybbää iinntt cchhärrssligge Kkrrissee eeiiss uunnssäärömm Uuhhrllapp. Llyybbää iinntt cchhäärrssligge Kkrrissee eeiiss uunnssäärröömm Uuhhrllapp. Llyybbää iinntt cchhäärrsslligge Kkrrissee eeiiss uunnssäärröömm Uuhhrllapp. Llyybbää iinntt cchhäärrsslliigge Kkrrissee eeiiss uunnssäärröömm Uuhhrllapp.

Wir. Wir grüßen. Wir grüßen alle. Wir grüßen alle, die. Wir grüßen alle, die zu. Wir grüßen alle, die zu Hause. Wir grüßen alle, die zu Hause geblieben. Wir grüßen alle, die zu Hause geblieben sind. Wir grüßen alle, die zu Hause geblieben sind, ganz. Wir grüßen alle, die zu Hause geblieben sind, ganz herzlich. Wir grüßen alle, die zu Hause geblieben sind, ganz herzlich aus. Wir grüßen alle, die zu Hause geblieben sind, ganz herzlich aus unserem. Wir grüßen alle, die zu Hause geblieben sind, ganz herzlich aus unserem herrlichen. Wir grüßen alle, die zu Hause geblieben sind, ganz herzlich aus unserem herrlichen Urlaub.
Herzlichst
Wir

Manche reden, wie ihnen in der Schnabel gewachsen ist. Wenn man das aber noch auf eine Postkarte schreibt, darf man sicher sein, dass in den meisten Fällen ebenfalls erheblicher Nonsens herauskommt. Aber vielleicht versteht der Empfänger ja doch, was gemeint ist

Hi, Stefan!
Brrrrrrrrrr, ist hier wat Wumme! Wir ja im Urlaub erst mal wie
immmer schchchcht und ssssst! Evelyn natürlich sofort wieder
schwer kreisch und quietsch! Aber hier dann sofort volle Em-
ma! Am ersten Abend schon gleich pitsch und zischschsch!
Alle Kumpels natürlich direkt gröhl und trööt! Aber dann, morgens ey: Klar, mächtig öhhh und grrrrrrkk und häh! Aber alles
paletti! Ich sofort nache Poofe platsch und brutsch und dann
wieder volle Kanne! Evelyn natürlich wieder bloß wiemel, sie-
cher und dröppel! Aber wir auffe Piste und krawummm!! Bo,
war datt satt! Also dann, ey – jetz ersma ein bißken mampf
und schmatz und dann wieder rubbel die Katz! Ratz, fatz. Geil,
ey!
Ciao!
Robert

Tach, Klaus Hermann!
Ja, auch in diesem, weißt ja schon, Martha und ich haben
natürlich - aber das haben wir dir natürlich vorher - jedenfalls
jetzt sind wir, obwohl - es sah ja erst, weil doch Martha mit
ihrem Hals, aber vorbei ist vorbei, reden wir nicht mehr darüber, denn hier ist es natürlich - ich meine, ein bisschen ist
immer, aber das sollte keine Rolle - was rede ich überhaupt?
Wir sind jedenfalls froh, dass unser Urlaub - dass hättest du
nicht gedacht? Aber ich habe dir gleich gesagt, wenn wir erst
weg sind, und - hab ich nicht recht gehabt? Wenn ich nicht so
genau, und das hat vielleicht Zeit gekostet - aber hat sich doch
gelohnt! Wenn wir wieder da sind, werden wir dich natürlich -
aber das war ja immer so. So, jetzt weißt du erst einmal -
bis dann also!
Dein Theo

Liebe Tante Ursula!
Du möchtest sicher wissen, wie es uns im Urlaub so geht. Ach, Quatsch, das ist doch selbstverständlich, vergiss den ersten Satz einfach! Also: Auch du sollst jetzt erfahren, wie es uns hier so geht. Nee, das ist auch nicht so gut, am besten, ich fange noch einmal von vorne an: Ich möchte dir gern erzählen, was Klaus und ich so alles in Urlaub machen. Nein, das geht dich eigentlich auch nichts an! Also eigentlich will ich dir nur mit meiner Karte - ja, eigentlich weiß ich das selbst nicht. Vielleicht schreibe ich einfach eine neue Karte. Aber andererseits - diese ist ja vorne so schön, und ich habe sie ja eigentlich auch schon fertig. Jedenfalls weißt du jetzt Bescheid!
Viele liebe Grüße
Deine Nichte Doris

Die Klassiker

Das letzte Kapitel soll den Klassikern gewidmet sein. Die klassischen Urlaubskarten sind die, die geschrieben werden müssen, weil sie eben geschrieben werden müssen. Wer sich dann nicht traut, den Satz „Herzliche Grüße aus dem Urlaub" einfach genial über die zur Verfügung stehende Fläche zu verteilen, muss sich halt etwas anderes ausdenken.

Liebe Oma Nordstadt!
Hier sind wir im Urlaub. Auf dem Bild siehst du unsere Ferienanlage und wo das Kreuz ist wohnen wir.
Papa ist die ganze Zeit gefahren. Mama räumt gerade alle Schränke ein. Ich warte darauf, dass wir endlich zum Strand gehen. Mama sagt das tun wir, wenn sie mit dem Einräumen fertig ist und dass wir wieder soviel Sachen mitgenommen haben, dass man meinen könnte, wir bleiben ein ganzes Jahr und nächstesmal nimmt sie nicht mehr soviel mit.
Viele Grüße aus dem Urlaub
Deine Nicole

Liebe Mutter!
Hier sind wir im Urlaub. Das Hotel ist sehr gut. Das Essen ist auch ganz gut. Der Strand ist auch ganz schön. Uns geht es allen gut. Wir sind viel draußen. Die Kinder spielen den ganzen Tag. Wir baden auch sehr viel. Das Wetter ist auch gut. Hier kann man auch spazieren gehen. Hier laufen auch viele Leute rum. Wir sind alle ganz zufrieden. Wir machen auch viele Bilder. Wenn wir wieder zu Hause sind, erzähle ich dir mehr.
Viele liebe Grüße
Waltraud, Burkhard, Eva-Maria und Jens-Friedrich

Lieber Hendrik!
Wir sind jetzt hier an der Ostsee. Ich habe schon viele neue Freunde gefunden. Das Wasser ist noch ziemlich kalt, aber wir graben immer ganz viel Quallen ein. Manchmal gehen wir auch ins Hallenbad. Da gibt es manchmal Wellen, deswegen heißt es auch Wellenbad. Hier kann man auch Drachen steigen lassen. Alica und ich haben einen eigenen Strandkorb, aber da liegt meist Alica drin.
Viele Grüße von der Ostsee
Jennes

Es ist ein Gerücht, dass Urlaubskarten immer nichtssagend sind. Wer genau liest, kann ab und an viel über seine Mitmenschen und seine wirklichen Erlebnisse erfahren, was – bei entsprechender Fantasie – durchaus anregend sein kann.

Hallo Helge!
Also ich weiß noch nicht so recht, ob so ein Camping-Urlaub das richtige für unsere Familie ist. Ich meine, bei uns in der Siedlung sind die Wände ja schon recht hellhörig, aber gestern ist neben uns ein Pärchen mit einem Zelt hingezogen, also was man da nachts so zu hören kriegt! Gott sei Dank haben die Kinder einen festen Schlaf, aber eigentlich gehört sich das doch nicht. Ich meine, man kann sich doch ein bisschen zusammennehmen. Ob ich mal mit den Leuten reden soll? Aber ich weiß auch nicht, wie ich denen das sagen soll!
Bis demnächst mal!
Sigrid

Barbara, liebste Freundin!
Wir machen jetzt seit zwei Wochen Ferien in unserer neuen
Ferienwohnung. Alles ist soweit ganz in Ordnung, aber die
Wände hier sind verdammt dünn! Deswegen ist hier auch
immer was los! Irgendwo im Haus kommt wohl immer einer
abends blau nach Hause und zofft sich dann mit seiner Frau.
Und was die über uns treiben, würde ich zu gerne mal wissen!
Also normal ist das nicht. Die haben auch immer so komische
Lederklamotten an. Aber die sind wieder nicht laut genug!
Irgendwann laden wir dich mal ein!
Deine beste Freundin Lara

Grüß dich Hanna!
Also so ganz einfach ist es nicht, hier Urlaub zu machen. Den
Abendspaziergang am Strand mit den Kindern habe ich schon
gestrichen. Ich bin es leid, sie immer zurückzuhalten, weil sie
in den Dünen nachsehen wollen, ob es da wirklich keinem
schlecht geht! Das kannst du dir gar nicht vorstellen, wieviele
Dünen es hier gibt und überall – einfach ekelhaft. Henning
sagt dann immer bloß ‚Wir waren doch auch mal jung!‘, aber
dem sind die Kinder ja egal!
Trotzdem viele Grüße
Deine Britta

*Beim Lesen so mancher Urlaubskarte fragt sich der Leser
überrascht, warum der Absender denn überhaupt in Urlaub
gefahren ist. Es soll schon vorgekommen sein, dass der Absender sich dieses auch gefragt hat.*

Hallo Renate,

nun sind wir schon zwei Wochen hier, aber eigentlich habe ich so richtig noch nichts von meinem Urlaub gehabt. Du kannst dir gar nicht vorstellen, wieviel Dreck vier Blagen dauernd vom Strand in so ein Ferienhaus schleppen! Hauptsächlich bin ich hier die halbe Zeit am Putzen und Wäsche waschen, und die andere Zeit am Kochen und Spülen, denn wenn die Kinder die ganze Zeit draußen rumtoben, haben sie die ganze Zeit einen Riesenhunger! Und ich habe hier nicht einmal ein Kartoffelschälmesser! Ich bin froh, wenn wir wieder zu Hause sind, da geht einem manches doch besser von der Hand!

Viele liebe Urlaubsgrüße

Deine Rita

Liebes Muttchen!
Hier im Urlaub ist es eigentlich ganz schön, aber Hans-Hermann ist, glaube ich, nicht ganz so glücklich. Unsere alte Karre hat es gerade bis hierher geschafft, und nun liegt Hansi die ganze Zeit unter dem Wagen, damit wir überhaupt noch zurückkommen. Dann schimpft er immer, bei sich in der Firma hätte er es viel einfacher, weil er hier nicht einmal das richtige Werkzeug hat und es deshalb dreimal so lang dauert.Wenn wir dann wieder zu Hause sind, kann er auch erstmal drei Tage duschen!
Es grüßen Dich
Eva und Hans-Hermann

Mein lieber Bruder!
Deine Schwester, mit der ich ja nun einmal verheiratet bin, findet es hier in Benidorm ausgesprochen schön. Ich habe leider noch nicht viel von Benidorm gesehen, weil ich seit drei Tagen über einem neuen Finanzplan für unseren Urlaub brüte. Hier ist nämlich alles ca. 6% teurer, als angenommen, die Autobahngebühren waren satte 12% höher als veranschlagt und beim Umtausch von DM in Peseten hatten wir ein Minus von 8%. Unter der Voraussetzung, dass noch 20% unseres Urlaubsbudgets als Sicherheit bei Überraschungen auf der Rückfahrt übrig bleiben sollen, kann ich hier noch Tage rechnen! Von meinem Urlaub habe ich dann gar nichts gehabt!
Etwas verärgert
Nathan

*Mancher schließlich ist in seinem Urlaub dem Ziel seiner
Wünsche erheblich näher gekommen, wenn er es nicht gar
vollständig erreicht hat. Dies drückt sich dann natürlich unverzüglich in der Post aus, die die Lieben zu Hause dann erhalten.*

Hallo, ihr alle!
Endlich habe ich es geschafft, mit meinem Dr. in Urlaub zu
fahren! Ich muss sagen, es gefällt mir ganz gut, im Urlaub
nicht immer nur Pommes und Hamburger zu essen, hier wühle
ich im Edelfraß!!! Aber Gott sei Dank brauche ich mich ja jetzt
um die Preise nicht zu kümmern, wenn ich keine Kohle hab,
gibt Schätzchen mir neue. Klamotten habe ich auch schon
reichlich gekauft, schließlich weiß man ja nicht, wie lange das
Glück hält, und ein bisschen komisch ist Schätzchen schon
manchmal in seinem Alter. Na ja, mal gucken, wie es noch so
läuft.
Grüße an die ganze Clique
Moni

Hi Lisa,
puh, das hat ja gerade noch einmal hingehauen! Wenn wir
zurück sind, und ich Hennes dann eine Woche später sage,
dass ich schwanger bin, müsste das zeitlich so einigermaßen
hinkommen. Mensch, stell Dir vor, das hätte nicht doch noch
mit Hennes seinem Urlaub fufunuckelt! Ich hätte keine Ahnung
gehabt, wie ich ihm das hätte verklickern sollen! Na ja, ist ja
noch mal gut gegangen! Kannst du bitte Andi anrufen und ihm
sagen, er soll mich hier auf keinen Fall auf meinem Handy
anrufen oder mir eine SMS schicken – ich will jetzt nichts ris-
kieren!
Ciao
Anita

Ciao Rolle!
Alles paletti! Das hat mich zwar drei Blaue gekostet, aber dann war leider doch nur noch ein Doppelzimmer hier im Hotel frei! Lea wollte zwar sofort wieder abhauen, aber ich hab ihr zugeredet wie ein lahmen Gaul und ihr das Blaue vom Himmel versprochen, dass sie dann doch bleibt. Ich schlaf zwar man erst auf dem Fußboden, aber das krieg ich auch noch gebakken, du kennst mich ja. Trotzdem: Bisken Daumen drücken kann ja nicht schaden! Ich halt' dich auch auf dem Laufenden!
Toi, toi, toi!
Klaus